Erwacht, Kinder!

Gespräche mit Amma – Band 8

Swami Amritaswarupananda Puri

Mata Amritanandamayi Center, San Ramon
Kalifornien, Vereinigte Staaten

Erwacht, Kinder! – Band 8

Herausgegeben von:
Mata Amritanandamayi Center
P.O. Box 613
San Ramon, CA 94583
Vereinigte Staaten

———————————— *Awaken Children 8 (German)* ————————

Erstausgabe vom MA Center: September 2016

In Deutschland: www.amma.de

In der Schweiz: www.amma-schweiz.ch

In India:
inform@amritapuri.org
www.amritapuri.org

Dieses Buch wird demütig dargebracht den
Lotosfüßen von Sri Mata Amritanandamayi,
dem strahlenden Licht in den Herzen aller Wesen.

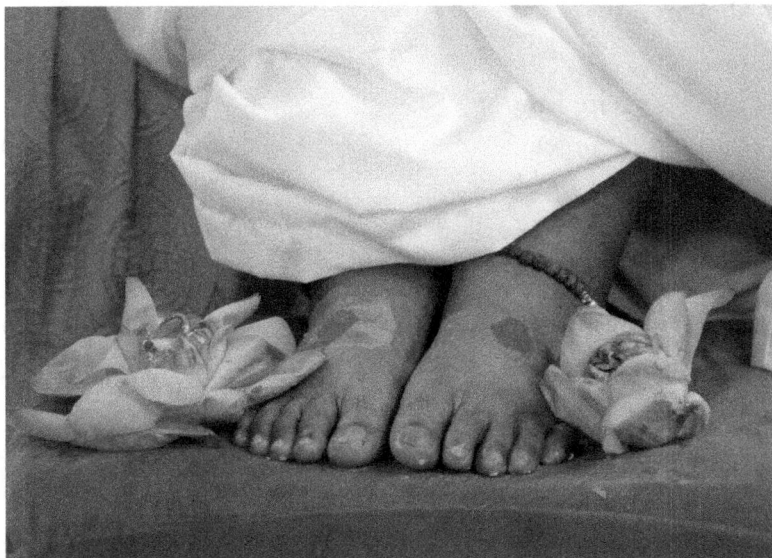

Vandeham-saccidānandam-bhāvātītam-jagatgurum |
Nityam-pūrnam-nirākāram-nirguṇam-svātmasamsthitam ||

Ich verbeuge mich vor dem universellen Lehrer, der Satchid-
ananda (Reines Sein-Wissen-Absolute Seligkeit) ist, und der
jenseits aller Unterschiede ist - ewig, vollendet, formlos, ohne
Eigenschaften und immerdar im Selbst ruhend.

Saptasāgaraparyantam-tīrthasnānaphalam-tu-yat |
Gurupādapayōvindōḥ-sahasrāmśena-tatphalam ||

Verdienste, erworben durch Pilgerfahrten und durch das Eintauchen in die heiligen Wasser, welche zu den sieben Meeren
fließen, kommen nicht einem Tausendstel der Verdienste gleich,
die erworben werden durch das Einnehmen des Wassers, mit dem
die Füße des Gurus gewaschen wurden.

Guru Gita, Verse 157 und 87

Inhalt

Vorwort   7

Kapitel 1   **9**
   Die verspielte Mutter   9
   Lächelnde Augen   14
   Kneifen und Liebkosen   15

Kapitel 2   **18**
   Beziehungen   18
   Mutterschaft: Gottes wunderbare Gabe an die Frauen   19
   Eheleben   21
   Erkennt und bewundert die guten Eigenschaften im
      Anderen   24
   Die Anzeichen einer echten Beziehung   28

Kapitel 3   **33**
   Das Geheimnis der Schönheit eines Kindes   33
   Echtes Wachstum und Reife   37

Kapitel 4   **44**
   "Ja, ich bin Kali"   44
   Erkennt die Selbstlosigkeit des Inneren Selbst   45
   Beobachtet das Gemüt   47
   Selbstlosigkeit kommt spontan   49
   Das negative Gemüt   55

Kapitel 5   **59**
   Liebe und Freiheit   62
   Lebt eurem eigenen Dharma gemäß   67
   Die Wurzel des Zorns erkennen und ausreißen   69

Fragt euch: "Warum kann ich nicht einfach lächeln und
    glücklich sein?"   71
Wachsamkeit und Shraddha   74
Ihr seid das Licht von Gott   76
Eine notleidende Seele trösten   78
Niemand sollte auf ewig bestraft werden   79

Kapitel 6   **82**
Respekt ohne Liebe verursacht Furcht   82
Die Guru-Schülerbeziehung in den alten Gurukulas   88
Das moderne Erziehungssystem und der uralte Weg eines
    wahren Meisters   91
Die Kunst der Entspannung   96
Die Technik   104

Kapitel 7   **108**
Die Mutter des Universums   108
Furcht blockiert die Spontaneität   110
Alleinsein und Einsamkeit   112
Selbstbemühung in der Gegenwart des Satgurus   118

Kapitel 8   **121**
Arbeit als Gottesdienst   121
Ob du gläubig bist oder nicht, deine Göttlichkeit bleibt
    unverändert   124
Nur eine Knospe kann erblühen   126
In der Gegenwart des echten Meisters geschieht es von
    selbst   131
Liebe kann nur sein wo kein Zwang ist   134
Wie die leuchtende Sonne und der ewig wehende Wind   136

Kapitel 9   **138**
Fühlt den Schmerz der Leidenden   138
Das Gefühl der Bindung   141

Eine Einheit— nicht eine Beziehung   144
Beschuldigt nicht die Umstände   146

Kapitel 10   **151**
Eine heilende Berührung   151
Wie Furcht überwunden wird   152

Kapitel 11   **158**
Die allwissende Mutter   158

Kapitel 12   **161**
Der Tod ist nur ein Wechsel   161

Kapitel 13   **167**
Den Blinden Einsicht geben   167

Glossar   **173**

Vorwort

Durch das vorliegende Buch, Band IV von *'Gespräche mit Amma'*, fließt erneut Mutters unendliche Weisheit. Wenn ein vollendeter Meister wie Mutter spricht, ist es das Reine Bewußtsein, welches spricht; es sind Krishna, Rama, Buddha und Christus, es sind alle überragenden Meister aus Vergangenheit, Gegenwart und Zukunft, die sprechen. Es ist die Stimme von Gott Selbst. Mutters Worte sind nicht einfach Worte, denn sie enthalten ein eigenes Bewußtsein. Mutters ungewöhnliche spirituelle Energie ist in jedem Wort, das sie äußert, spürbar, wenn man in meditativer und besinnlicher Art liest.

Unsere geliebte Mutter inspiriert uns und klärt uns auf, indem sie durch dieses Buch spricht; sie gibt uns eine Kostprobe der Einen Wahrheit, die uns letzendlich helfen wird, in den unbeschreiblichen Ozean von *sat-chit-ananda* (Sein-Bewußtsein-Glückseligkeit) einzutauchen. Vor allem aber ist die absolut bezaubernde und reinigende Gegenwart dieser großen Meisterin der fruchtbarste Boden, auf dem die Blumen unserer Herzen sich öffnen und blühen dürfen.

Mutter spricht nie über ihre Größe. Dieses mysteriöse Phänomen 'Mutter' ist jedoch eine unwiderstehliche Macht. Das Mitgefühl und die göttliche Liebe, welche Mutter verbreitet, sind unnachahmlich. Sie verströmt buchstäblich Friede und Freude. Ihre Existenz ist vollendet und vollkommen. Mutters Worte sind leuchtende Strahlen der Einen Wahrheit, welche die unsterbliche Botschaft der Absoluten Wirklichkeit zu uns tragen.

Wir können fortfahren, beliebig viele Schriften zu studieren, aber nichts wird geschehen, kein spiritueller Fortschritt wird erreicht, bis wir nicht einen spirituellen Meister wie Mutter finden. Einfach in Mutters Gegenwart zu weilen genügt, um den göttlichen Duft von sat-chit-ananda (Sein-Bewußtsein-Glückseligkeit) wahrzunehmen, der ununterbrochen von Ihr ausströmt; Gottes Gegenwart wird für uns fühlbar und wir werden ohne Belehrung lernen, wie wir unser wahres Selbst sein können.

Swami Amritaswarupananda
M.A. Math, Amritapuri

Die Begebenheiten in diesem Buch haben sich im Jahr 1986 abgespielt. Einige wenige jedoch stammen aus den Jahren 1984 und 1985.

Kapitel 1

Die verspielte Mutter

Mutter glich einer wunderschönen, dunkelblauen Statue, als sie tief versunken im Zustand des *samadhi* vor dem Ashramgebäude saß, das gerade im Bau war. Die meisten Ashrambewohner und eine Familie, die zu Besuch war, saßen um Mutter herum und blickten gebannt auf sie. Die Sonne schien hell und warm; es war, als ob sie einen Blick von Mutter erhaschen und Mutters Körper mit ihren goldenen Strahlen liebkosen wollte. Als alle so andächtig um Mutter herum saßen und ihre entzückende Erscheinung betrachteten, öffnete Mutter die Augen und lächelte sie an. Wenn Mutter lächelt, öffnen sich alle Herzen und jedermann kann nicht anders als zurückzulächeln. Ihr süßes Lächeln ist wunderbar heilsam. Ohne Worte kann Mutter ihre Göttlichkeit durch einen Blick, ein Lächeln oder eine Berührung vermitteln. In ihrer Gegenwart wird das Erlebnis möglich, in direktem Kontakt mit Gott zu sein. Dieser heilige Ort Amritapuri, der immerzu durch Mutters Gegenwart erleuchtet ist und wo man das endlose Strömen der höchsten Liebe und die Tiefe des wahren Wissens erfahren kann, erinnert an die *gurukulas*[1] der alten *rishis*.

Mutter begann mit dem knapp zwei Jahre alten Kind der anwesenden Familie zu spielen. Das kleine Mädchen hielt mit beiden Händen einen Keks. Mutter streckte ihre rechte Hand aus und sagte zu ihm: "Gib Amma etwas davon ab." Lange starrte das Kind mit großen Augen verwundert auf Mutter; dann drehte es sich plötzlich um und rannte kichernd zu

---

[1]   Einsiedeleien, in welche Kinder gesandt wurden, um 12 Jahre unter der Führung eines Meisters zu studieren.

seinen Eltern. Mutter folgte ihm, hob es auf und trug die Widerstrebende an den gleichen Platz zurück, wo sie gesessen hatte. Mutter nahm sie wieder auf ihren Schoß und öffnete dann ihren Mund, damit das Mädchen sie mit dem Keks füttern konnte. Diesmal schenkte es Mutter ein schönes Lächeln und hielt den Keks ganz nahe an ihren Mund. Als Mutter abbeißen wollte, zog das Kind die Hand schnell weg, krabbelte von Mutters Schoß und trippelte davon. Alle lachten. Mutter amüsierte sich sehr und brach in ihr herzhaftes Lachen aus. Ein Devotee bemerkte: "Sie ist genau wie du, Amma." Er dachte dabei an Krishna Bhava, wo Mutter, spielerisch und neckisch wie Krishna in seiner Kindheit, den Devotees *prasad* fütterte.

Die Heilige Mutter war nicht bereit, so leicht aufzugeben. Erneut folgte sie dem Kind, ergriff es und brachte es an denselben Platz zurück. Sie schien selbst ein unschuldiges Kind geworden zu sein. Auch das Mädchen, das nun wieder auf Mutters Schoß saß, freute sich an dem Spiel. Mutter öffnete wieder den Mund und wollte gefüttert werden. Die Eltern ermutigten ihr Kind: "Liebling, gib Amma etwas ab! Du liebst doch Amma ganz fest, nicht wahr?"

Das Kind lächelte in Mutters wunderschönes Gesicht und brachte die Hand mit dem Keks nahe an ihren Mund. Aber als es seine Hand diesmal wegziehen und davonspringen wollte, ergriff Mutter sein Händchen und biß ein klein wenig von dem Keks ab. Das war zuviel für das kleine Mädchen. Es fing an zu weinen und warf voller Zorn und Protest das ganze Stück Keks in Mutters Schoß. Diese spontane, unschuldige Reaktion bewirkte bei Mutter einen Heiterkeitsausbruch, und alle Anwesenden lachten mit. Sogar die Eltern des Kindes stimmten ein, aber das bewirkte, daß das Kind um so lauter weinte und seinen Protest verstärkte, indem es sich von Mutters Schoß kugelte und sich auf dem Boden rollte. Mutter betrachtete es und sagte: "Sie fühlt sich geneckt." Bald darauf hob Mutter sie auf und tröstete sie. Brahmacharini Gayatri[2] mußte einen neuen Keks für die Kleine bringen. Sie war glücklich, daß Mutter ihr einen anderen Keks gab, aber sie wollte auch den alten haben. Mit einem Keks in jeder Hand saß sie dann beruhigt auf Mutters Schoß. Jemand bemerkte dazu: "Das Kind will den ersten Keks nicht weggeben, weil er Ammas *prasad* ist." Nach einer Weile, als es zufrieden geworden war, blickte das Mädchen wieder in Mutters Gesicht. Unvermittelt hielt es beide Kekse an Mutters Mund und bot sie ihr drängend an. Sie hielt beide Händchen erhoben, bis Mutter von jedem Keks ein Stückchen abbiß. Als sie dann ein zweites Mal abbeißen sollte, sagte Mutter liebevoll: "Nein, nein, Liebling, das ist für dich. Amma hat genug gehabt." Zärtlich umarmte und küßte Mutter das kleine Mädchen; und während es weiterhin auf ihrem Schoß saß, stimmte Mutter 'Chilanka Ketti...' an und sang so, als ob es ein Wiegenlied wäre....

> *O Lotosäugiger*
> *Lege Deine Fußkettchen um und eile herbei!*
> *Komm tanzen!*
> *Wir singen Deinen göttlichen Namen*
> *Und suchen Deine zarten Füße.*
>
> *O Sohn von Devaki*
> *Radhas eigenes Leben*
> *O Kesahva, Hare, Madhava[3]*
> *O Vernichter von Putana*
> *Zerstörer der Sünden*
> *Kind von Gokula, eile herbei!*
> *O Kuhhirt, komm tanzen!*

---

2 Swamini Amritaprana
3 Namen von Krishna.

O Vernichter von Kamsa
Der auf der Schlange Kaliya tanzte
O Keshava,Hare, Madhava,
Zärtlich mit denen
Die bei Dir Schutz suchen
O Verkörperung von OM
Beschützer derer in Gefahr
Eile herbei!
O Melodie der Seligkeit
Komm tanzen!

O Beschützer der Pandavas
Zerstörer der Sünden
O Keshava, Hare, Madhava,
Beschützer von Arjuna
Unwissen Tilgender
O Keshava, Hare, Madhava,
O Nektar der Gita
Eile herbei!
O Seligkeit des Herzens
Komm tanzen!

Das kleine Mädchen saß noch eine Weile ruhig auf Mutters Schoß, und dann ließ Mutter es zu ihren Eltern gehen. Mutter selber streckte sich am Boden aus und legte ihren Kopf auf Gayatris Schoß. Einer der Brahmacharis stellte eine Frage.

"Beinahe alle Kinder weinen, wenn sie geboren werden. Aber Amma, du hast gelächelt, als du zur Welt kamst. Hat das eine Bedeutung?"

Mutter: "Ein Neugeborenes schreit normalerweise, weil es die Welt als befremdlichen Ort erlebt. Nach neun langen Monaten im Bauch der Mutter wird das Kind plötzlich in eine neue Welt geboren. Im Mutterleib war es für das Kind wegen der

Unreinheiten im Darm und der dauernden Bewegungen durch die Körpervorgänge der Mutter nicht sehr angenehm. Solchermaßen leidet das Kind neun Monate und neun Tage lang bevor es, schmerzvoll zusammengedrückt und mit Erstickungsgefühlen, in diese Welt hinausgestoßen wird. Und nun ist es von neuem unangenehm für das Neugeborene, weil es den Luftdruck und die neue Umgebung nicht gewohnt ist. Diese Welt ist für das Baby unbekannt und befremdlich. Deshalb weint es, aus reiner Verzweiflung.

"Aber Amma hatte keine befremdlichen Gefühle, als sie in diese Welt kam. Alles war ihr so wohlbekannt. Wenn man alles über diese Welt weiß, kann man nur lächeln. Wenn man das ganze Universum als Spiel des Bewußtseins auffaßt, was kann man da anderes tun als lächeln? Wenn ihr die Kraft habt, die durchdringenden Augen, welche die Wirklichkeit hinter aller Erscheinung sehen, dann könnt ihr nur lächeln. Ihr nehmt nur das Bleibende in allem ewig-wechselnden Äußeren wahr. Ihr seht nicht die äußere Schale des Samenkorns — ihr seht den ganzen darin angelegten Baum. Kurz gesagt: Ihr erfaßt die Wirklichkeit, die wahre Natur von allem. Sobald ihr fähig seid, die Wahrheit zu sehen, ist nichts mehr unbekannt oder befremdlich. Das ganze Universum ist euch vertraut und ihr lächelt, nicht gelegentlich, sondern immerzu. Das ganze Leben wird zu einem großen Lächeln. Ihr könnt über alles lächeln, immer, nicht nur in glücklichen, sondern auch in unglücklichen Zeiten. Ihr könnt sogar über den Tod lächeln. Das ist Spiritualität. Spiritualität ist ein tiefes, echtes Lächeln in allen Lebenssituationen.

"Wann fühlen sich die Menschen traurig und verzweifelt? Wenn sie sich in ungewohnten Situationen befinden und nicht wissen, was sie tun oder wohin sie gehen sollen; wenn sie hilflos sind und niemand für sie da ist; und im Angesicht von Versagen, Verlust, Krankheit und Tod. In solchen Zeiten fühlen sie sich in einen unvertrauten, hilflosen Zustand gestoßen. Verzweiflung überfällt sie und sie weinen, weil sie nichts wissen. Sie kennen keine Methode, die ihnen helfen würde, ihre Notlage zu überwinden.

Eine vollkommene Seele hingegen kennt die Geheimnisse des Lebens. Sie weiß, daß alles, was um sie herum geschieht, nur ein Spiel des Bewußtseins ist. Ihre Augen sind fähig, die drei Zeitperioden[4] zu durchdringen und die Wirklichkeit zu erfassen. Sie kennt die Wahrheit, aus welcher die ganze Welt auftauchte. Sie kennt die wahre Existenz, den Urgrund der Welt; sie weiß, wohin sich alles bewegt und womit es schließlich verschmilzt. Dieses Wissen erlaubt es ihr, über alles herzlich zu lächeln. Die vollkommene Seele kann über alles lächeln, weil sie allwissend ist.

Lächelnde Augen

"Wenn ihr allwissend seid, wenn eure Augen durch Vergangenheit, Gegenwart und Zukunft hindurchblicken können, dann werden auch eure Augen lächeln, nicht nur die Lippen. Betrachtet Abbildungen von Kali, die auf Shivas Brustkorb tanzt. Obwohl sie wild ausschaut, ist doch ein Lächeln in ihren Augen. Es ist das Lächeln der Allwissenheit. Krishna hatte lächelnde Augen. Alle großen Meister haben einzigartige, lächelnde Augen. Wenn eure Augen die Kraft besitzen, durch die Oberfläche der Existenz zu dringen, dann werden sie vor Freude blitzen. Ihr seht die Wahrheit, das was innen ist, und deshalb lächelt ihr. Die äußere Oberfläche ist eine Lüge. Aber nun kann die irreführende Oberfläche euch nicht mehr täuschen, denn ihr habt die Kunst erlernt, in sie einzudringen und durch alles hindurchzublicken. Euer Blick genügt, um den äußeren Dieb und Lügner zu entlarven. Dieser verschwindet, und die Wahrheit kommt ans Licht.

---

[4] Gemeint sind Vergangnheit, Gegenwart und Zukunft.

Die Bedeutung des Lächelns ist: 'Ich kenne die Wahrheit.' Es ist ein Zeichen von vollkommener Allwissenheit."

Am Ende des Gesprächs rollte Mutter sich plötzlich auf den nackten Boden hinüber. Die anwesenden Ashram-bewohner waren vertraut mit Mutters eigenartigen Stimmungen und machten deshalb rasch Platz. Sie wußten, daß Mutter bei solchen Gelegenheiten nicht berührt werden und auf dem Erdboden liegen wollte. Da lag sie, die Augen auf den Himmel gerichtet. Sie erhob die rechte Hand und formte mit den Fingern ein göttliches *mudra*. Wiederholt gab sie eigenartige Laute von sich, so als ob sie in einer fremden Sprache mit jemandem reden würde. Mutter lag vollkommen bewegungslos da. Nach einigen Minuten schloß sie die Augen und ihr Gesicht leuchtete alsbald mit einem wunderbaren Lächeln auf. Ein außergewöhnliches Strahlen ging von ihr aus. So lag Mutter etwa zehn Minuten lang da. Dann sagte sie ihr übliches Mantra, 'Shiva, Shiva'. Sie erhob sich und ging zum alten Tempel. Nachdem sie den Tempel betreten hatte, machte sie die Flügeltüre hinter sich zu und blieb für eine halbe Stunde dort.

Kneifen und Liebkosen

Was Mutter eben über sich und ihre Allwissenheit gesagt hatte, gibt uns eine Ahnung von der gewaltigen Bewußtheit, die Mutter von Geburt an über ihre göttliche Natur hatte. Diese Wahrheit aus ihrem eigenen Mund zu hören, ist ein aufregendes Erlebnis.

Mutters Aussage, daß ein Mahatma fähig ist, die drei Zeit-perioden zu durchdringen, wird bestätigt durch eine Begebenheit mit einem Devotee, als dieser Mutter zum erstenmal besuchte. Der Mann aus Bangalore kam zusammen mit seiner Frau, um Mutter zu sehen. Eine lange Warteschlange bewegte sich langsam auf Mutter zu, die wie immer ihre Kinder einzeln zum *darshan* empfing. Als der Mann an der Reihe war, zwickte Mutter ihn kräftig, ohne ein Wort zu sagen. Zorn stieg in ihm auf, und er kochte beinahe vor Wut. Es gab einen Grund für seinen Zorn. Als Knabe hatte er bereits eine starke Abneigung dagegen, gekniffen zu werden und protestierte sehr, wenn die Eltern oder Lehrer ihn zwickten. Er stritt sich sogar mit seinen Lehrern, wenn sie ihn manchmal wegen unterlassener Hausaufgaben bestraften, indem sie ihn leicht kniffen. Er sagte dann zu ihnen: "Ihr könnt mich mit einem Stock schlagen oder mich aus dem Klassenzimmer schicken, aber ihr dürft mich auf keinen Fall kneifen!" Als Mutter ihn nun beim ersten darshan zwickte, wurde er extrem zornig. Doch bevor er protestieren konnte, zog Amma seinen Kopf auf ihren Schoß; und wie er so auf ihrem Schoß lag, begann Mutter sein Haar zu streicheln und es sanft mit ihren Fingern zu kämmen. Dieses Erlebnis berührte ihn so tief, daß aller Zorn schmolz und glückseligen Tränen Platz machte. Es gab auch für dieses Gefühl einen speziellen Grund. Er hatte die Gewohnheit, sich von kleinen Kindern das Haar streicheln zu lassen, genau so, wie Mutter es mit ihren Fingern getan hatte. Er liebte dieses sanfte Kämmen so sehr, daß er die Kinder darum bat, wenn er im Bett lag und gut einschlafen wollte. Weil er wußte, daß er das über alles liebte, brauchte er nicht lange um zu erkennen, daß Mutter allwissend ist. Als Mutter ihn zuerst kniff und dann sein Haar mit ihren Fingern kämmte, hatte er eine plötzliche Eingebung: "Hier ist jemand, der alles über mich weiß, der meine Vorlieben und Abneigungen kennt und für den mein Leben ein offenes Buch ist." Dieses Erlebnis war alles, was er brauchte, um zu Mutters Füßen alles hinzugeben.

Der Devotee erzählte: "Als Amma meinen Kopf von ihrem Schoß hob, blickte ich in äußerster Verwunderung in ihr Gesicht. Sie lachte mich an und sagte: "Gezwickt zu werden ist, was du am meisten haßt, und das zärtliche Kämmen liebst du über alles, nicht wahr?" Ich fühlte sehr stark, daß Amma, indem sie mich kniff und dann mein Haar streichelte, mir mitteilte: "Siehe, mein Sohn, Amma weiß alles über dich." Ich war sprachlos und total überwältigt. Nie habe ich seither Mutters Allwissenheit bezweifelt.

Kapitel 2

Beziehungen

Heute kam Mutter vor dem abendlichen *bhajan*-Singen, aus ihrem Zimmer herunter und setzte sich an der Westseite des Tempels hin. Bald war sie von den Ashrambewohnern und einigen Haushälter-Devotees umgeben. Einer der Familienväter, ein Bankdirektor, stellte Mutter eine Frage über die Beziehungen zwischen Menschen.

Mutter: "Eine echte Beziehung kann sich nur entwickeln, wenn ein gutes Einverständnis besteht zwischen einem Ehepaar, zwischen Freunden oder wer immer an einer Beziehung irgendeiner Art beteiligt ist. Es gibt verschiedene Abschnitte im Leben. Die Ehe ist ein solcher Abschnitt, und es ist einer der wichtigsten, die es gibt. Damit ein Mensch, der in der Welt lebt, d.h. ein Haushälter, ein erfülltes Leben führen kann, muß er oder sie, mit soviel Liebe, Intimität, Sorge und Hingabe wie möglich durch diesen Abschnitt der Ehe gehen. Wenn es mit Liebe und echtem Verständnis gelebt wird, hilft das Eheleben dem Mann, das Weibliche in ihm, und der Frau, das Männliche in ihr zu entwickeln. Dieses Gleichgewicht kann beiden helfen, schließlich das letzte Ziel der ewigen Freiheit zu erreichen.

"Wenn das Paar die notwendigen Anstrengungen macht, um gegenseitig die Gefühle des anderen zu verstehen und zu respektieren, dann können beide ihr Leben in seiner Fülle leben. Sie sollten bereit sein, die Schwächen und Fehler des anderen zu verzeihen und zu vergessen. Das Eheleben kann ein reiches Lehrfeld sein, wo das Paar Eigenschaften wie Geduld und Demut entfalten kann.

"In der indischen Gesellschaft ist dies leichter, denn die indischen Frauen neigen von Natur aus zu Nachgiebigkeit und sind weniger aggressiv. Das Ego eines Mannes wird von der Geduld und der Demut einer Frau in Schach gehalten. Auch wenn die moderne Gesellschaft sich sehr schnell verändert, bleibt doch die zugrundeliegende Kultur des indischen Volkes die gleiche. Möchten wir aber, daß im Eheleben Ausgeglichenheit und Harmonie bestehen, liegt es an den Männern, den Frauen gegenüber nicht aggressiv, arrogant oder überheblich zu sein und nicht zu versuchen, sie zu kontrollieren. In Indien denken Männer oft, sie hätten das Recht, die Frauen zu beherrschen und die Frauen hätten dem Mann in keiner Weise überlegen zu sein. Dies ist eine entschieden falsche Haltung, weil die Kultur, welche die alten Heiligen und Seher begründeten, nicht richtig verstanden wurde.

Mutterschaft: Gottes wunderbare Gabe an die Frauen

"Eine Frau sollte respektiert werden und ihre Gefühle sollte man angemessen berücksichtigen. Ihre mütterlichen Eigenschaften sollten anerkannt werden und in der Gesellschaft sollte sie eine wohlverdiente, bessere Stellung haben, gleich der der Männer. Gleichzeitig sollte sie wissen, daß das größte Geschenk, welches Gott ihr gab, die Mutterschaft ist; das Recht, ein Kind zu gebären, es aufzuziehen und es mit der richtigen Pflege, Liebe und Zärtlichkeit zu umsorgen. Es ist ein einzigartiges Geschenk und gehört ihr allein. Die größten Menschen auf dieser Erde zur Welt bringen zu dürfen, die göttlichen Inkarnationen, dann die großen Staatsmänner, Philosophen und Wissenschaftler, ferner alle herausragenden Seelen und alle Menschen überhaupt, ist eine der größten unter allen Gnaden. Warum hat Gott den Frauen dieses wunderbare Geschenk gemacht? Weil sie allein die

Fähigkeit haben, Tugenden wie Liebe, Mitgefühl, Fürsorge und Geduld in ihrer ganzen Fülle und Schönheit zum Ausdruck zu bringen. Jede Frau sollte dies wissen und die Bedeutung dieser Gnade zu verstehen suchen. Es scheint jedoch, daß die Frauen diese Wahrheit langsam vergessen. Wenn sie diese grundlegenden, unerläßlichen Eigenschaften, die sie in sich haben, mißachten, wird unsere Gesellschaft aus den Fugen geraten. Es ist deshalb lebensnotwendig, daß die Frauen diese mütterlichen Qualitäten in sich erkennen.

"Vor allem in westlichen Gesellschaften vergessen die Frauen ihre weiblichen Eigenschaften. Im Namen der Gleichberechtigung schieben viele von ihnen diese unbezahlbare Segnung, die ihnen gegeben wurde, beiseite. Im Gegensatz zur indischen Gesellschaft sind im Westen die Frauen aggressiver und weniger nachgiebig. Weil sie versuchen, dem Mann in allen Lebensbereichen nachzueifern, erkennen sie nicht, daß sie dadurch einen wesentlichen Teil ihrer eigenen Natur opfern. Das Ergebnis sind Durcheinander und Verwirrung im äußeren und inneren Leben. Amma sagt nicht, daß eine Frau nicht dieselben Dinge tun sollte wie die Männer — sie kann und sie sollte, denn Frauen haben große innere Kraft — aber es sollte deshalb niemals ihr innerstes Wesen geopfert werden. Gegen die Natur zu leben ist zerstörerisch. Es ist gefährlich für das betreffende Individuum und auch für die ganze Gesellschaft.

"Im Westen neigen Männer und Frauen dazu, aggressiv zu sein. Aggression ist jedoch eine negative Energie. Manchmal wird sie im Leben gebraucht, aber nicht in Beziehungen und nicht im Eheleben. Wenn zwei Pole negativ sind, bildet sich nur negative Energie, und das Ergebnis ist völlige Disharmonie und Zerrüttung.

"In der westlichen Gesellschaft versuchen Männer und Frauen, den Partner zu beherrschen und sie glauben, sie hätten ein Recht dazu. Durch das andauernde Zusammenprallen und Seilziehen wird ihre Liebe zerstört und die Schönheit der Beziehung verdorben.

"Liebe ist nicht aggressiv, und das Leben ist es auch nicht. Leben ist Liebe. Ohne die Gefühle der Liebe, durch die wir wahres Leben erfahren, wird unser Dasein trocken und leer wie ein Roboter. Leben und Liebe sind voneinander abhängig; wo keine Liebe ist, wird das Leben selbst nicht beachtet.

Eheleben

Frage: "Amma, warum gibt es im Eheleben keine wirkliche Liebe? Woher kommen die Konflikte und Reibereien?"

Mutter: "Zwischen Ehemann und Ehefrau besteht ein ernster Mangel an Verständnis. In den meisten Fällen versucht das Paar nicht einmal, sich gegenseitig zu verstehen. Damit sich eine wirkliche Beziehung entwickeln kann, ist ein grundsätzliches Verständnis der menschlichen Natur, der Natur von Mann und Frau, notwendig. Ein Mann sollte wissen, was eine Frau wirklich ist und umgekehrt. Stattdessen leben sie in zwei isolierten Welten ohne Verbindung, getrennt wie zwei Inseln ohne Fährdienst.

"Männer sind vorwiegend im Intellekt zentriert, während Frauen im allgemeinen mehr in den Gefühlen leben. Sie befinden sich in zwei verschiedenen Zentren auf parallel laufenden Linien. Zwischen ihnen findet keine wirkliche Begegnung statt. Wie kann so wirkliche Liebe entstehen? Wenn der eine ja sagt, wird der andere zweifellos nein sagen. Nie wird einstimmig ein harmonisches ja und ja oder nein und nein zu hören sein. Beide, Ehemann und Ehefrau, sollten gegenseitig ihre verschiedenen Naturen verstehen und annehmen und eine bewußte Anstrengung machen, um die Gefühle, das Herz des anderen zu erreichen und dann versuchen, auf der Grundlage dieses Verstehens die Probleme zu beseitigen.

Sie sollten nicht versuchen, sich gegenseitig zu beherrschen oder zueinander sagen, 'Ich sage ja, und deshalb mußt du auch ja sagen.'

"Solches Verhalten sollte aufgegeben werden, denn es führt nur zu Wut, und sogar zu Haß. Die Liebe in einer derartigen Beziehung wird nur sehr oberflächlich sein. Kann der Abgrund zwischen diesen beiden Zentren, Intellekt und Gemüt, jedoch überbrückt werden, wird die süße Musik der Liebe aus der inneren Tiefe hervorquellen. Dieser einigende Faktor ist die Spiritualität. Wenn ihr zu den Ahnen zurückblickt, könnt ihr sehen, daß ihr Eheleben im allgemeinen liebevoller war als Paarbeziehungen in der heutigen Zeit. Es war mehr Liebe und Harmonie in ihren Leben vorhanden, weil sie die spirituellen Grundsätze und ihre Anwendung im Alltag viel besser verstanden haben.

"Amma hörte folgende Geschichte. Eine verheiratete Frau wollte ein Haustier haben. Ihr Ehemann war dagegen. Als er einmal ortsabwesend war, ging die Frau in eine Tierhandlung und kaufte ein Äffchen. Unnötig zu erwähnen, daß der Ehemann wütend war, als er nach seiner Rückkehr das Tier vorfand. Nachdem er sich etwas damit abgefunden und beruhigt hatte, fragte er seine Frau: "Was wird dieses Tier denn essen?"

"Nichts anderes als was wir essen", war ihre Antwort.

"Und wo wird der Affe schlafen?"

"Wo sonst als in unserem Bett", war die lakonische Antwort.

"Aber stört dich der Gestank denn nicht?" wunderte sich der Ehemann.

"O nein, mach dir keine Sorgen! Wenn ich ihn in den vergangenen zwanzig Jahren ertragen konnte, kann auch das arme Äffchen damit zurechtkommen."

Alle brachen in belustigtes Gelächter aus, als Mutter die Geschichte beendet hatte. Mutter fuhr fort: "Eine wirklich liebevolle Beziehung ist selten zu finden. Die Liebe zwischen Paaren ist meist nur hauchdünn. Wenn der eine ja sagt, wird der andere bewußt ein Nein entgegensetzen. Kinder, lernt eure Gefühle zu respektieren. Lernt, auf die Probleme des anderen liebevoll und voller Anteilnahme einzugehen. Wenn ihr dem Partner zuhört, sollte er oder sie fühlen können, daß ihr wirklich interessiert seid und ernsthaft helfen möchtet. Euer Partner sollte eure Sorge und Anteilnahme, sowie euren Respekt und eure Bewunderung für ihn oder sie spüren. Ein offenes Annehmen des anderen ist notwendig, und es sollte keine Einschränkungen geben. Trotzdem werden Konflikte unvermeidlich sein; Mißverständnisse und Meinungsverschiedenheiten können aufkommen. Aber hinterher sollte man in der Lage sein, sagen zu können: "Bitte verzeih mir, es tut mir leid, ich habe es nicht so gemeint." Oder ihr könnt sagen: "Ich liebe dich und bin ernstlich besorgt um dich; denke nie etwas anderes! Es tut mir leid, ich hätte nicht sagen dürfen, was ich äußerte. In meinem Zorn habe ich mich vergessen und meine Unterscheidungskraft verloren." Solch beruhigende Worte werden helfen, verletzte Gefühle zu heilen, und sie werden bewirken, daß sogar nach einem großen Streit ein tiefes Gefühl der Liebe zwischen euch entstehen kann."

Mutter hielt inne und sagte dann: "Balumon (Balu, mein Sohn)[5] singe ein Lied. Brahmachari Sreekumar[6] holte das Harmonium, und sie stimmten 'Mauna Ghanamrita...' an. Mutter lehnte ihren Kopf gegen Brahmacharini Gayatris Schulter und hörte mit halbgeschlossenen Augen zu. Das glückselige, strahlende Lächeln auf Mutters Gesicht machte es klar, daß sie sich in einem verinnerlichten Zustand befand.

Am Sitz des undurchdringlichen Schweigens
Von ewiger Schönheit und Frieden
Wo das Gemüt von Gautama Buddha

---

[5] Swami Amritasvarupananda.
[6] Swami Purnamritananda.

Sich auflöste,
In der Strahlenflut, die alle Bindungen zerstört,
Am Ufer der Glückseligkeit
Jenseits der Reichweite von Gedanken...

Im Wissen, das ewige Harmonie gewährt,
Der Wohnsitz ohne Anfang oder Ende,
Seligkeit, empfunden nur wenn
Die Bewegungen des Gemütes verebben,
Am Sitz der Macht,
Das Gebiet des Vollkommenen Bewußtseins...

Am Ziel, das den süßen Zustand
Ewiger Nichtzweiheit gewährt
Beschrieben als 'Du bist Das,'
Dies ist der Ort wo ich anzukommen ersehne;
Aber das kann ich nur
Durch Deine Gnade.

Das Lied war verklungen, und Mutter lehnte immer noch an Gayatris Schulter. Als sie sich schließlich regte und sich aufsetzte, sagte ein Devotee zu ihr: "Amma, du hast über Beziehungen gesprochen."

Da fuhr Mutter fort zu sprechen.

Erkennt und bewundert die guten Eigenschaften im Anderen

"Kinder, als gewöhnlicher Mensch hat jedermann beides, gute und schlechte Eigenschaften. Versucht, immer die guten Eigenschaften im anderen zu sehen und zu bewundern. Wann immer ihr mit anderen über euren Partner sprecht, versucht, seine oder ihre guten Qualitäten hervorzuheben. Erwähnt die Schwächen des Partners niemals vor anderen. Egal welcher Art eure Schwächen sind, sie sollten ein Geheimnis unter euch beiden bleiben. Eure Probleme solltet ihr in einer positiven Haltung lösen, ohne euch gegenseitig mit Vorhaltungen herauszufordern oder zu verletzen. Zuallererst sollten wir unsere eigenen Schwächen erkennen, denn das ist der beste Weg, sie zu beseitigen. Benützt die Fehler eures Partners nie als Waffe gegen sie oder ihn. Wenn ihr auf Schwächen hinweist, tut es liebevoll und mit der vollen Absicht, sie in einer positiven Weise aus eurem Leben zu verbannen. Diese Schwächen sind Blockierungen, die euch daran hindern, euch voll zu entfalten. Betrachtet diese Sperren als Hürden und lernt sie zu beseitigen.

"Kürzlich sprach ein Devotee, ein Krankenhausverwalter aus Mumbay, über ein Problem in seinem Krankenhaus bezüglich der Reinlichkeit. Die meisten Leute in Nordindien kauen '*pan*' (Betelnuß). Den grellroten Saft speien sie fast automatisch gerade dort aus, wo sie eben stehen. So waren die vier Ecken des Krankenhausfahrstuhles voll von roter Spucke. Die Verwaltung versuchte in einem Meeting, das Problem zu lösen. Es wurde beschlossen, in allen vier Ecken des Fahrstuhles Spiegel zu befestigen. Sobald das getan war, hörten die Leute auf, im Aufzug zu spucken. Was bewog sie dazu aufzuhören? Zweifellos war es der Anblick ihrer selbst im Spiegel, wenn sie spuckten. Als sie sehen konnten, wie häßlich es war, wurde es ihnen unmöglich, es weiterhin zu tun, und sie hörten damit auf.

Ihr könnt versuchen, eure Fehler ebenso zu betrachten, wodurch sie automatisch verschwinden. Wenn ihr eure eigenen Schwächen und eure schlechten Gewohnheiten seht, erkennt ihr, wie häßlich sie sind. Eure Schwächen sind im Dunkeln verborgen, aber wenn ihr sie betrachtet, kommen sie ans Tageslicht.

"Unsere großen Vorfahren haben uns wunderbare Beispiele gegeben, wie wir die guten Eigenschaften der anderen erkennen und sie dafür respektieren können.

"In einem der Ramayanas wird ein sehr schönes Ereignis beschrieben, wo Lord Rama ein unvergeßliches Beispiel gibt, ein Beispiel für Demut, indem er das große Opfer von Urmila anerkennt, der keuschen Gattin von Lakshmana. Als Lakshmana seinem Bruder Sri Rama ins Exil in der Wildnis folgte, bedeutete dies für Urmila gezwungenermaßen vierzehn Jahre des Alleinseins in Ayodhya, in schrecklicher Qual wegen der Trennung von ihrem geliebten Gatten. Sri Rama hatte seine heilige Gefährtin mitgenommen, aber Lakshmana mußte seine Gattin in Ayodhya zurücklassen. Urmila führte ein Leben voller Selbstaufopferung und verbrachte Tage und Nächte damit, an ihren Ehemann zu denken. Eines Tages, als Sri Rama schließlich nach Ayodhya zurückgekehrt war, sah man ihn zu Urmilas privatem Raum gehen. Aus Neugier folgte Lakshmana ihm nach um zu sehen, was der Herr tun würde. Über das Gesehene brach er buchstäblich in Tränen aus. Urmila lag in tiefem Schlaf auf ihrem Bett. Der Herr faltete seine Hände als Ausdruck von Verehrung und ging dreimal um das Bett herum. Danach warf er sich flach auf den Boden und machte die Prostration vor ihren Füßen, so wie die Leute es in den Tempeln tun.

"Später, als Lakshmana Sri Rama um Erklärung für sein Tun bat, antwortete der Herr: "Urmila verdient höchsten Respekt und Anerkennung. Ihr großes Opfer verdient unsere Bewunderung. Ich wollte diese Anerkennung ausdrücken ohne daß sie davon wußte, denn wenn sie wach gewesen wäre, hätte sie es nicht geschehen lassen. Deshalb ging ich, als sie schlief."

"Derartige große Beispiele, welche uns die Mahatmas geben, sollten erinnert und nachgeahmt werden. Das bringt Liebe, Frieden und Harmonie in unser inneres und äußeren Leben.

Mißtöne, die in unseren Beziehungen und im Eheleben vorhanden sein mögen, werden dadurch beseitigt. Männer sollten nie arrogant sein oder zögern, die guten Eigenschaften einer Frau anzuerkennen. Ihre Einstellung ist sehr falsch, wenn sie denken, 'schließlich ist es ja nur eine Frau.'

"Beobachtet, wie bedeutungslos moderne Beziehungen sind. Sehr selten ist bei einem Paar wahre Liebe vorhanden. Zuviel Kritik, Furcht und Argwohn machen eine liebevolle Beziehung unmöglich. Aus Mangel an Liebe und richtigem Verstehen sind die Beziehungen nur sehr oberflächlich.

"Amma fällt da eine lustige Geschichte ein, die sie kürzlich hörte. Zwei junge Männer begegneten sich auf der Straße. Der eine sagte zum anderen: "Du Glücklicher, du hast eine sehr hübsche Freundin für dich gewonnen. Sag mir, was hält sie von dir?"

"Sie denkt, ich sei eine großartige Persönlichkeit und ein begabter Sänger und begnadeter Maler," kam als Antwort.

"Und du, was zieht dich zu ihr?"

"Daß sie denkt, ich sei eine großartige Persönlichkeit und ein begabter Sänger und begnadeter Maler."

Als das Gelächter verstummt war, bat Mutter um ein Lied. Einer der Haushälter stimmte das Lied 'Amritamayi, Anandamayi' an.

O Göttin des Nektars
Göttin der ewigen Glückseligkeit
O Mutter Amritanandamayi
O Göttin des Nektars
Göttin der ewigen Glückseligkeit

O Mutter
Wenn Deine Kinder Tränen vergießen
Schmilzt Dein Herz vor Sorge

O mitfühlende Mutter
Liebevoll streichelst Du Deine Kinder
Wenn Du sie mit der Milch der Zärtlichkeit nährst.

O Mutter mit der Hautfarbe eines Smaragds
Komm und verweile in meinem Herzen!
Deine Lotosfüße sind der einzige Schutz
Für mich Armseligen.

Du leuchtest von innen heraus
Als das innere Auge des äußeren Auges.
Du bist Kannas Mutter,
Du bist die Mutter des ganzen Weltalls
Die Göttin des Universums.

Die Anzeichen einer echten Beziehung

Nach dem Lied fuhr Mutter fort, ihre Kinder zum gleichen Thema zu unterweisen.

Frage: "Welches sind die Anzeichen einer echten Beziehung?"

Mutter: "Wenn zwei Menschen sich miteinander identifizieren, ist dies ein Zeichen einer echten Beziehung. Die Intensität der Liebe hängt vom Ausmaß der Identifikation zwischen zwei Menschen ab. Nehmen wir an, jemand fragt euch: "Welchen deiner Freunde liebst du am meisten, a, b oder c?" Vielleicht müßtet ihr eine Weile überlegen oder ihr würdet spontan antworten: "Ich mag a am liebsten, er ist mein bester Freund." Was bedeutet es, wenn ihr sagt, daß ihr a am liebsten mögt? Es heißt, daß ihr euch mit a mehr identifiziert als mit b oder c, nicht wahr? Eine wahre Beziehung oder echte Liebe gründet auf dem Ausmaß der Identifikation, die man mit jemandem teilt. Es ist jedoch etwas, das nicht gemessen werden kann, denn es ist ein tiefes Gefühl, etwas, das innen geschieht. Wenn sich die Identifikation verstärkt, zeigt sich dieses Gefühl von Gleichheit auch äußerlich. Euer Herz fließt über vor Liebe und drückt sich in Worten und Handlungen aus. Im höchsten Zustand werden sich auch die Körper sehr ähnlich sein. In weltlichen Beziehungen geschieht dies selten. In einer spirituellen Beziehung jedoch kommt es in einer deutlichen Weise vor; zum Beispiel bei einem Schüler, der sich seinem spirituellen Meister völlig ergeben hat und dessen Herz mit Liebe und Hingabe für seinen Meister erfüllt ist.

"Dies geschah den Gopis von Vrindavan. Indem sie andauernd an Sri Krishna dachten, wurden sie genau wie er. Während einer gewissen Zeit pflegten die Gopis zueinander zu sagen: "Freundin, schau mich an, ich bin Krishna. Habe ich nicht den gleichen Gang wie er? Kannst du die göttliche Flöte in meiner Hand nicht sehen und die Pfauenfeder in meiner Krone?"

"Mutter kennt ein Ehepaar, das dieses Gefühl der Identifikation miteinander entwickelt hat. Sie sehen wie Zwillinge aus, und sogar ihre Stimmen und Bewegungen sind ähnlich. Amma kennt sie seit langem. Es ist das ideale Paar. Die Liebe, Respekt, Verständnis, Geduld und Vergebung, die sie füreinander haben, sind außergewöhnlich. Sie sind ein Beispiel dafür, daß diese Identifikation auch in einer weltlichen Beziehung geschehen kann, sogar in einem Eheleben, vorausgesetzt man hat die richtige Einstellung.

"In einer solchen tiefen Liebe wird sogar euer Denken dasselbe. Zum Beispiel mag der Ehemann über etwas nachdenken ohne es zu erwähnen. Trotzdem weiß die Frau irgendwie davon. Er denkt das gleiche, und die Frau äußert das gleiche. Oder er möchte etwas tun, und sie drückt plötzlich den gleichen Wunsch aus. Es ist Sonntag, er sitzt im Arbeitszimmer an einem dringenden Auftrag. Er fühlt sich sehr müde, kann aber keine Pause machen, weil die Arbeit bis zum nächsten Tag erledigt sein und auf dem

Schreibtisch seines Chefs liegen muß. Während er kämpft, um seine Augen offenzuhalten, denkt er für sich, 'ich möchte eine Tasse starken Kaffee haben'. Er will aber nicht in die Küche gehen und seine Frau darum bitten, denn er weiß, daß sie ihrerseits sehr beschäftigt ist mit der Zubereitung des Sonntagsessens für die Familie. Normalerweise trinkt er zu dieser Tageszeit auch keinen Kaffee und doch, zu seiner Überraschung kommt seine Frau mit einer Tasse Kaffee ins Zimmer. Er fragt: "Wie um alles hast du gewußt, daß ich einen Kaffee brauche?" Sie lächelt und antwortet: "Ich habe es gespürt, daß du eine Tasse Kaffee wolltest. Das ist alles." Solches geschieht in gewissen Momenten in einer Beziehung und es kann entwickelt werden, wenn das Paar die richtigen Gefühle und ein gutes Einverständnis hat. Es kann wachsen und sich durch alle ihre Gedanken und Handlungen ausdrücken.

"Wenn dies in einer normalen Beziehung geschehen kann, wie unvergleichlich größer ist dann die Identifikation oder das Gefühl des Einsseins der Guru-Schülerbeziehung.

"Gayatri hatte ein Erlebnis, das erwähnenswert ist. Mutter hatte einst mit den Ashrambewohnern draußen gearbeitet. Als sie in ihr Zimmer zurückkehrte, waren ihre Hände schmutzig. Mutter wollte die Hände waschen und bat deshalb Gayatri, ihr Wasser und Seife zu bringen. Aber, anstatt das Gewünschte zu bringen, begann Gayatri ihre eigenen Hände im Waschbecken zu waschen. Lakshmi sah sie im Badezimmer stehen und ihre eigenen Hände waschen, während Mutter immer noch auf Wasser und Seife wartete. Lakshmi mußte Gayatri daran erinnern, daß Mutter ihre Hände waschen wollte. Als Gayatri Lakshmi sprechen hörte, kam sie wieder zu sich. Es wurde ihr bewußt, daß sie anstatt Mutters Hände ihre eigenen wusch, und sie rief aus: "O mein Gott, ich dachte, ich wasche Ammas Hände!" Sie war verwirrt und schaute mit Schuldgefühlen zu Mutter hin. Aber

Mutter verstand, was geschehen war. Es passierte Gayatri in einem Augenblick, wo es ihr möglich war, sich selber zu vergessen. Die Fähigkeit, dieses Einssein zu erfahren, diese totale Identifikation, ist immer in uns vorhanden.

"Eine echte Beziehung ist nur möglich, wenn man alle seine vorgefaßten Ideen und Meinungen gehenlassen kann und wenn man aufhört, von der Vergangenheit besessen zu sein. Unser Gemüt ist die Vergangenheit. Hört auf, euch an die Vergangenheit zu klammern, und ihr werdet frei und voller Friede sein. An der Vergangenheit zu hängen ist wie im Dunkeln zu leben. Wir alle wollen im Licht sein. Hört auf, die Vergangenheit zu bekämpfen, hört auf, darauf zu reagieren, und ihr werdet euch im Licht befinden. Dann ist es euch möglich, klar zu erkennen, was sich in euch drinnen abspielt. Mit solch einer klaren Sicht ist es möglich, eine echte Beziehung zu gestalten."

Als Mutter sprach, senkte sich die Sonne langsam am westlichen Horizont, um ihr übliches Bad im tiefblauen Meer zu nehmen. Gleich wie die Sonne unermüdlich und selbstlos scheint, um das Leben auf diesem Planeten zu erhalten, arbeitet Mutter, die spirituelle Sonne, dauernd hart, um ihre Kinder durch ihre tiefgründigen Worte, ihre göttliche Gegenwart, ihre mitfühlende Umarmung und ihre erhebenden bhajans zu inspirieren. Sie berührt das Herz eines jeden, indem sie ihre unvergleichliche Liebe und ihr Mitgefühl mit ihrem ganzen Wesen ausdrückt und einem jeden hilft, sich voll zu öffnen und seinerseits einen süßen, göttlichen Duft und Schönheit um sich zu verbreiten.

Mutter hörte auf zu sprechen. Sie erhob sich von ihrem Sitz, streckte sich und hielt beide Arme gegen den Himmel erhoben. Sie rief aus: "Sivane." Eine Weile blieb sie mit geschlossenen Augen so stehen. Dann drehte sie sich weg und begab sich zum Tempel. Es war Zeit für das abendliche bhajan-Singen. Mutter ging, um ihre Kinder auf den Flügeln ihrer ekstatischen, melodiösen

31

Lieder hinwegzutragen. Selig begann Mutter das Lied 'Anjana Sridhara...' zu singen.

O Sridhara,
Von Collyrium-farbiger Haut und von großer Schönheit,
Ich grüße Dich mit gefalteten Händen.
Sieg für Krishna,
Grüße an Ihn

O Krishna
Der auf Erden geboren wurde
Als Göttliches Kind,
Beschütze mich auf jegliche Art.

O Krishna, Liebling,
Bitte vernichte den Gram meines Herzens.
O Hirte der Kühe
Lotosäugiger Krishna,
Komm und scheine in meinem Herzen!

O Krishna!
Ich bin erfüllt vom Verlangen
Die Schönheit zu sehen
Deiner geliebten heiligen Form.

O Hirte der Kühe
Bitte eile herbei
und laß Deine Flöte ertönen.

Kapitel 3

Das Geheimnis der Schönheit eines Kindes

Wegen des Tempelneubaus herrschte auf dem Ashramgelände eine ziemliche Unordnung. Mutter bestand sehr darauf, daß Backsteine, Sand und anderes Baumaterial wohlgeordnet aufbewahrt wurden. Wann immer Mutter aus ihrem Zimmer herunterkam, ergriff sie selbst die Initiative und begann, eigenhändig aufzuräumen. Für Mutter war keine Arbeit zu niedrig; man konnte sie sehen, wie sie Backsteine oder Sand in Körben auf dem Kopf trug. Sie griff auch zur Schaufel, um die Körbe mit Sand zu füllen. Diesen Morgen kam Mutter herunter und ordnete sogleich an, daß die Ashrambewohner Körbe und Werkzeug herbeibrachten. Sie begann, das Gelände aufzuräumen. Innerhalb weniger Minuten war der ganze Ashram auf den Beinen und bereit, mitzuhelfen. Als Mutter mit den Bewohnern zusammen arbeitete, sang sie das Lied 'Entu Chevo Yedu Chevo...'

> *O weh! Was soll ich tun?*
> *Nirgends kann Nandas Sohn gefunden werden.*
>
> *Ist Er heute morgen früh aufgestanden*
> *Um im Wald die Kühe zu weiden?*
> *Oder — o Gott — hat er Seine Beine gebrochen*
> *Als er sich mit anderen Kindern balgte?*
> *Oder ist Er vielleicht*
> *Kreuz und quer umhergesprungen*
> *Und in einen Graben gefallen....*

Alle sangen den Refrain mit. Mutter gab ein perfektes Beispiel dafür, wie Arbeit als eine Form der Gottesverehrung getan werden kann. Mehr als eine Stunde wurde so gearbeitet. Mutters Gegenwart verschönert alles und verleiht jeder Situation einen besonderen Charme. Deshalb herrschte nun eine Stimmung großer Freude unter den Beteiligten. Als das Aufräumen beendet war, setzte Mutter sich hin, und die Ashrambewohner und Haushälter-Devotees scharten sich um sie. Während dieser Ruhepause stellte ein Devotee folgende Frage: "Spirituelle Meister in der ganzen Welt nehmen das kleine Kind als Beispiel für den allerhöchsten Zustand der Vollkommenheit. Was ist so besonderes an einem Kind im Zusammenhang mit Spiritualität?"

Mutter: "Betrachtet ein Kind. Es kümmert sich keinen Deut um Vergangenheit oder Zukunft. Was immer das Kind tut, macht es mit seinem ganzen Wesen. Es ist völlig gegenwärtig in dem, was es tut; es kann nichts Halbes machen. Kinder leben ganz im Augenblick und das ist es, was die Erwachsenen anzieht. Man kann ein Kind nicht wirklich ablehnen, weil in ihm die Häßlichkeit des Egos noch nicht vorhanden ist.

"Ein Kind kann die Aufmerksamkeit von jedermann auf sich ziehen; sogar in der hartherzigsten Person werden von einem Kind Gefühle geweckt, es sei denn, es handle sich um ein dämonisches Ungeheuer. Diese Anziehungskraft des Kindes kommt aus seiner Unschuld. Wenn Erwachsene sich vom Griff des Egos befreien können, werden sie wieder so unschuldig und verspielt wie ein Kind.

"Die meisten Menschen leben mit einem Fuß in der Vergangenheit, die tot ist, und mit dem anderen in der Zukunft, die nicht real ist. Die Zukunft ist ein unwirklicher Traum, der erst noch zu geschehen hat. Ihr könnt nicht sicher sein, daß er in eurem eigenen Fall auch wirklich eintreten wird. Die Zukunft ist unsicher, sie kann oder kann nicht geschehen. Trotzdem sorgen sich auch die intelligentesten Menschen dauernd wegen der Zukunft und tagträumen darüber, oder aber sie brüten und weinen wegen der toten Überreste der Vergangenheit. Beide, Zukunft und Vergangenheit, sollten verschwinden. Nur dann wird es euch möglich sein, voll in diesem Augenblick zu leben. Es ist gerade in diesem Augenblick möglich, die Wirklichkeit zu erfahren; nur der jetzige Augenblick ist wirklich. Vergangenheit und Zukunft sind nicht real.

"Gleich wie ein Kind voll in der Gegenwart lebt, laßt, wenn ihr liebt, euer ganzes Wesen in dieser Liebe gegenwärtig sein, ohne Zurückhaltung oder Teilung. Macht nichts nur teilweise, tut alles ganzheitlich, indem ihr voll im Augenblick lebt. Brütet nicht über der Vergangenheit und klammert euch nicht an sie. Vergeßt das Geschehene und hört auf, von Zukünftigem zu träumen. Bringt euch voll ein, indem ihr gegenwärtig seid, gerade jetzt. Nichts, weder Bedauern über das Vergangene noch Ängstlichkeit wegen der Zukunft, sollte den freien Fluß eurer inneren Gefühle behindern, wenn ihr sie ausdrücken möchtet. Laßt alles los und laßt euer ganzes Wesen durch eure augenblickliche Stimmung ziehen. Genau das ist es, was das Kind tut.

"Ein Kind hat keine Bindung an die Vergangenheit, und es sorgt sich auch nicht um die Zukunft. Wenn ein Kind sagt: "Mama, ich liebe dich so sehr", dann meint es das wirklich. Durch seine Küßchen, Blicke und Gebärden drückt es sich mit seinem ganzen Wesen aus. Das Kind ruft sich die Schelten und Klapse des gestrigen Tages nicht in Erinnerung, und es ist nicht mehr aufgebracht, weil das sehnlich gewünschte Spielzeug nicht für es gekauft wurde. Und es quält sich nicht wegen der Zukunft. Es hält an nichts fest. Das Kind liebt und vergißt. Niemals kann es etwas nur teilweise tun. In allem, was es unternimmt, ist es völlig gegenwärtig. Etwas halbherzig zu erledigen ist nur möglich, wenn ein Ego vorhanden ist.

"Was immer ein Kind tut, hat keinen Bezug zu irgend-welchen Erinnerungen. Das Kind erlebt den Augenblick und drückt sich voll aus, egal ob es Liebe oder Zorn empfindet. Aber es wird bald alles vergessen und zum nächsten Moment übergehen. Was ein Kind zeigt, Liebe oder Zorn, ist nie durch Bindung verursacht. Aus diesem Grund hat sogar der Zorn eines Kindes eine gewisse Schönheit. Er ist völlig natürlich und spontan. Alles, was sich frei ausdrückt, ohne Störung durch das Ego, hat eigene Schönheit und Anmut. Ihr müßt aber unschuldig sein, um so spontan sein zu können. Deshalb ist sogar der Zorn eines Mahatmas schön, denn der Mahatma ist rein und unschuldig. Wie er sich gibt, ist spontan, direkt und völlig natürlich. Er reagiert nicht aus der Vergangenheit heraus. Er ist einfach hier, genau in diesem Augenblick.

"Der Zorn eines Erwachsenen ist häßlich. Niemand mag einen Menschen, der wütend ist. Mit dem Zorn eines Kindes ist es anders. Ein zorniges Kind wird von Vater, Mutter oder sonst jemandem hochgehoben, in die Arme genommen, an den Körper gedrückt. Es wird geküßt, und man tut alles, um es zu beschwichtigen. Demgegenüber ist der Zorn eines Erwachsenen abstoßend, und er wird in anderen ebenfalls Zorn auslösen. Der Zorn eines Kindes jedoch bewirkt in uns Gefühle von Liebe und Sympathie. Es ist das Vorhandensein des Egos beim Erwachsenen und sein Fehlen beim Kind, was den Unterschied ausmacht.

"Gebunden könnt ihr nur sein, wenn ihr ein Ego habt. Das Ego bindet euch an die Vergangenheit, und solange die Bindung des Ego an das Vergangene besteht, könnt ihr nichts vollständig ausdrücken. Jedes eurer Worte und jede Handlung wird vom Ego befleckt sein. Die Vergangenheit schleicht sich ein und schafft eine Kluft zwischen euch und dem, was ihr sagt oder tut. Alles, was ihr äußern wollt, geht zuerst durch den Filter der Vergangenheit und dadurch ist das Kind, oder die Unschuld im Inneren, völlig blockiert.

"Ein Kind hat kein Ego, keine Vergangenheit oder Zukunft. Es hat keine Anhaftung und kann sich deshalb ohne Vorurteile oder vorgefaßte Meinungen voll ausdrücken."

Echtes Wachstum und Reife

Erwachsene denken, sie seien groß geworden und sollten nicht mehr wie Kinder sein, und kindliche Eigenschaften seien etwas, worüber man sich schämen sollte. Was in Wirklichkeit beim Erwachsenen groß wurde, ist das Ego. Körper, Intellekt und Ego mögen gewachsen sein, aber das Herz mit seinen wesentlichen Eigenschaften wie Liebe und Mitgefühl ist gestorben. Die Menschen denken, sie seien reife Erwachsene geworden. Sind sie wirklich erwachsen und reif? Der Körper hat sich verändert, ist vom Kinderkörper zum Erwachsenen-körper geworden, aber die innere Persönlichkeit ist immer noch unentwickelt.

"Wenn ihr fort fahrt, euch an die Vergangenheit zu klammern, könnt ihr das nicht Reife nennen. Natürlich könnt ihr Menschen mit einem sogenannten reifen Ego finden, aber unter ihnen ist kaum ein wahrhaft reifer Mensch vorhanden. Ein Mensch mit einem reifen Ego kann sich sehr gut und kultiviert benehmen; trotzdem handelt und spricht er im Licht seiner Vergangenheit. Seine Worte und Handlungen in der Gegenwart wurzeln in seinen vergangenen Erfahrungen. Er hat in der Vergangenheit viele Fehler gemacht. Er hat viel gelernt aus all diesen Erfahrungen und nun, wenn er etwas sagt oder tut, wird er sich hüten, denselben Fehler wieder zu begehen oder erneut etwas Dummes zu sagen. Er weiß aus Erfahrung, daß dies Probleme schaffen könnte. Er wird also seine Worte sorgfältig wählen und gezielt handeln. Dies beweist, daß die Vergangenheit in ihm aktiv ist, auf subtile, raffinierte und machtvolle Weise. Wir mögen das Reife nennen, intellektuelle Reife oder Reife des Egos, aber es ist nicht echte Reife.

"Echte, natürliche Reife entwickelt sich, wenn ihr das Ego ablegt und aufhört, in der Vergangenheit zu leben. Nur wenn dem inneren Selbst erlaubt wird, sich auszudrücken ohne vom Ego befleckt oder unterbrochen zu werden, kann sich eine spontane und echte Reife entfalten."

"Frage: "Sagt Amma damit, daß das Wachsen und Reifen der Menschen, welches wir für echt halten, in Wirklichkeit gar nicht so echt ist?"

Mutter: "Kinder, es hat seine eigene Wirklichkeit, aber es ist relativ. Amma spürt, daß alles von zwei Ebenen her bewertet werden sollte: Von einer weltlichen und von einer spirituellen Ebene, vom Standpunkt des Individuums und von einem höheren Gesichtspunkt, einer universellen Perspektive aus. Was wahr scheint auf der weltlichen Ebene, mag nicht wirklich sein aus spiritueller Sicht. Wachstum und Reife, welche die Leute im allgemeinen als real betrachten, sind nicht notwendigerweise wirklich auf einer höheren Bewußtseinsebene. Das heißt nicht, daß materielles Wachstum unnütz oder unwichtig ist. Der springende Punkt ist, daß gewöhnliche Menschen nur bewiesene Tatsachen als wirklich und gültig anerkennen. Aber das Unbekannte, das, was nur durch Glaube und ausdauernde spirituelle Praxis, gepaart mit fester Entschlossenheit, erfahren werden kann, ist die endgültige Wahrheit und Wirklichkeit. Von diesem letzten Standpunkt aus ist die Welt und was darin geschieht nur relativ. Nehmt als Beispiel den Tod eines Menschen. Er ist für die betroffene Familie sicherlich ein großer Verlust, der tiefe Trauer in ihr Leben bringt. Wenn ihr es aber aus einem anderen Blickwinkel betrachtet, wißt ihr, daß täglich Hunderttausende von Menschen sterben. Frauen verlieren ihre Ehemänner, Mütter ihre Kinder und Kinder ihre Eltern.

Der Tod widerfährt allem, was geboren wurde, unausweichlich und unvermeidbar. Aus einer universellen Sicht ist der Tod eines Menschen nur bedingt wirklich. Für die Familie des Betroffenen ist der Tod ein einschneidendes und trauriges Geschehen, aber auf einer höheren, universellen Ebene ist dem nicht so.

"Ähnlich verhält es sich mit Wachstum und Reife. Man sollte sie von jenen beiden Ebenen aus bewerten. Aus der Sicht des Individuums sind Wachstum von Körper und Intellekt real und notwendig für sein Leben in dieser Welt. Aus einem universellen Blickwinkel jedoch geschieht echtes Wachstum nur, wenn ihr erkennt, daß ihr *purnam* (das Ganze) seid, und nicht eine isolierte Größe, nicht ein Teil.

"Äußeres Wachstum, d.h. Wachstum von Körper, Gemüt und Intellekt hat gewiß seinen eigenen Platz. Trotzdem, wenn ihr nur äußerlich wachst, ist dies kein vollständiges Wachstum. Solange die menschlichen Fähigkeiten des inneren Selbst nicht einfließen, ist Wachstum nur relativ. Von der Ebene der letzten Wirklichkeit aus können wir nur von echtem Wachstum sprechen, wenn das Selbst sich entfaltet.

"Reife des Ego ist notwendig für das Wachstum des Individuums und wirkt sich in gewisser Weise positiv aus auf die Gesellschaft. Wirkliches inneres Wachsen und Reifen geschieht jedoch nur, wenn das Ego transzendiert werden kann, und wenn die Persönlichkeit als Ganzes wächst. Für ein echtes, vollständiges Wachstum muß sich das innere Selbst entfalten. Nur dann wird unsere Vorstellung vom Leben sich wandeln.

"Demut ist der beste Nährboden für die Entfaltung des Selbst. Entwickelt euch intellektuell, aber bleibt dabei immer demütig. Das macht euren Intellekt und eure Reife vollkommen.

"Richtig demütig zu sein bedeutet, sich zu verbeugen, nicht nur mit dem Körper, sondern mit eurem ganzen Wesen. Ihr solltet mit eurem ganzen Wesen spüren, daß ihr nichts seid, nicht nur vor dem Meister oder ein paar ausgewählten Seelen, sondern vor der ganzen Schöpfung. Erkennt, daß des Meisters höchstes Bewußtsein in allem und durch alles scheint.

"Wachst ohne zu erlauben, daß eure Unschuld zerstört wird. Und bleibt, während ihr wachst, unter allen Umständen demütig. Euer körperliches Wachstum sollte nicht das innere Kind in Mitleidenschaft ziehen. Laßt euren Intellekt schärfer und das Gemüt klarer und kraftvoller werden. Aber während ihr eure Fähigkeiten entwickelt, sollte auch den Gefühlen des Herzens erlaubt werden zu wachsen. Solches Wachstum ist vollendetes Wachstum in vollkommenem Ebenmaß. Es wird euch helfen, in allen möglichen Lebenslagen eine gesunde, intelligente Haltung dem Leben gegenüber zu bewahren. Das ist wahrhaftig die grundlegende Basis des Lebens, die es euch erlaubt, eine liebevolle und intelligente Beziehung mit allem und jedem zu pflegen."

Nachdem Mutter ihre Ausführungen beendet hatte, stimmte ein Devotee das Lied 'Maha Kali Jagado Dharini....' an, ein Lied zur Lobpreisung der Göttin Kali, das er selber komponiert hatte...

O Mahakali
Du trägst das ganze Universum
Und Du zerstörst es
O Trostspenderin
Du nimmst mein Gemüt gefangen
Bitte erwache
Und lenke Deinen Blick auf diese Seele.

O Du, die Du die Erlösung trägst
Mit der Halskette aus Schädeln
Segenspendende
O Beschützerin der drei Welten
Vernichterin des Bösen
O Kali

Du nimmst mein Gemüt gefangen
Bitte erwache
Und lenke Deinen Blick auf diese Seele.

Brahma, Vishnu und Narada
verehren Dich ewiglich
Shankara ruht für immer zu Deinen Füßen
Du bist ewig siegreich
Und unberührt von Neigungen
Du nimmst mein Gemüt gefangen
Bitte erwache
Und lenke Deinen Blick auf diese Seele.

Abends um siebzehn Uhr dreißig rief Mutter die Ashrambewohner an den Strand. Als alle dort eingetroffen waren, befand Mutter sich schon in tiefem *samadhi*. Brahmacharini Gayatri saß einige Meter von ihr entfernt Alle setzten sich leise um Mutter herum, und bald meditierten auch sie, wobei einige es vorzogen, mit offenen Augen auf Mutter blickend zu meditieren. Das dunkelblaue Meer hob und senkte seine riesigen Wellen so als ob es Mutter umarmen und willkommen heißen wollte. Die Wogen schienen in Glückseligkeit zu tanzen, weil Mutter so nahe bei ihnen am Ufer saß.

Eine Stunde später erhob sich Mutter und ging langsam den Sandstrand entlang. Es wurde dunkel und ein kräftiger Wind blies vom Meer her. Mutters Sari und ihr schwarzes Lockenhaar flatterten im Wind. Die Wellen schienen miteinander zu wetteifern, um Mutters heilige Füße zu erhaschen und sich vor ihnen zu verbeugen. Wie Mutter so langsam dahinging, wurde es einigen wenigen Wellen gewährt, ihre Füße zu umspülen und zu küssen. Danach zogen sie sich friedvoll zurück und lösten sich im Meer auf. Andere Wellen rauschten laut den heiligen Klang OM und sprühten gegen die Küste, als ob auch sie erhofften, Mutters heilige Füße umarmen zu dürfen.

In tief versunkener spiritueller Stimmung sang Mutter '*Omkara Mengum...*' während sie, von ihren Kindern gefolgt, weiter die Sandküste entlangging.

Der Klang 'OM' schwingt überall
Sein Echo in jedem Atom.
Mit friedvollem Gemüt
Laßt uns singen 'Om Shakti.'

Die Tränen der Trauer fließen über
Und nun ist Mutter mein einziger Halt.
Segne mich mit Deinen schönen Händen
Denn ich habe alle weltlichen Vergnügungen aufgegeben
Voll Sorgen und wertlos wie sie sind.

Die Furcht vor dem Tod ist verschwunden
Das Verlangen nach körperlicher Schönheit hat mich verlassen.
Unaufhörlich muß ich an Deine Form denken
Die mit dem Licht von Shiva scheint.

Wenn ich von innerem Licht erfüllt bin
Das überflutet und vor mir leuchtet
Und wenn ich trunken bin von Hingabe,
Will ich eintauchen in die Schönheit Deiner Form.

Deine Form ist, was mich zu sehen verlangt
Alle Lieblichkeit auf Erden hat sich kristallisiert
Und ist gekommen als solch unvergleichliche Schönheit
O, nun fließen meine Tränen über...

Als das Lied verklungen war, hielt Mutter ihre Schritte an und blickte ein paar weitere Sekunden lang auf den westlichen Horizont bevor sie sich umdrehte und von allen gefolgt zum Ashram zurückkehrte.

Kapitel 4

"Ja, ich bin Kali"

Noch ein paar Leute, und der darshan würde vorüber sein.

Mutter beendete den darshan und war bald darauf im Speiseraum zu sehen, wo sie persönlich allen Devotees das Essen austeilte. Wie die liebevollste und zärtlichste Mutter wartete sie, bis wirklich alle ihr Essen bekommen hatten, bevor sie den Raum verließ. Beim Weggehen drehte sie sich abrupt um und ging auf einen Besucher zu. Sie nahm einen Reisball aus seinem Teller, den er am Rand beiseite gelegt hatte, und sie aß ihn, ohne ein Wort zu sagen. Wie vom Blitz getroffen erstarrte der Mann und blickte in Mutters Gesicht. Tränen traten in seine Augen und rollten seine Wangen herunter. Er konnte sich nicht mehr halten, schluchzte auf und rief 'Kali, Kali,' wobei er Mutter zu Füßen fiel. Mit strahlendem, mitfühlendem Lächeln strich Mutter ihm über Kopf und Rücken und verblieb einige Minuten länger im Speiseraum, bevor sie in ihr Zimmer zurückkehrte.

Später erklärte der aus Bengalen stammende Devotee das Geheimnis von Mutters scheinbar eigenartigem Verhalten und von seiner gefühlsbestimmten Reaktion. Am Vortag war er in Cochin gewesen und hatte dort durch einen Freund von Mutter gehört. Als glühender Verehrer von Kali fühlte er sich sehr zu Mutter hingezogen. Sein Freund hatte dringende Arbeiten zu erledigen, weshalb er allein in den Ashram fuhr, um Mutter zum ersten Mal zu begegnen. Er ging in der Hütte zu Mutter und empfing ihren darshan. Später, als er im Speieraum vor seinem Teller saß, der ihm von Mutter gereicht worden war, formte er einen kleinen Ball aus Reis, legte ihn an den Tellerrand und

44

beschloß, 'Wenn Amma Kali ist, meine geliebte Gottheit, die ich seit so langer Zeit verehre, dann kommt sie und ißt diesen Reisball.' Und genau das geschah! Als er sah, daß Mutter sich zum Weggehen anschickte, war er schrecklich enttäuscht. Aber schon einen Augenblick später stand Mutter vor ihm und bevor er fassen konnte, was geschah, nahm Mutter den Reisball, den er für Kali beiseite gelegt hatte und aß ihn. Der Mann sagte: "Indem Amma den Reisball aß, sagte sie mir ganz klar: "Ja, ich bin Kali." Nach dieser Begebenheit war er während seiner ganzen restlichen Zeit im Ashram in göttlich berauschter Stimmung. Am folgenden Morgen brach er nach Kalkutta auf.

Erkennt die Selbstlosigkeit des Inneren Selbst

An diesem Abend kam eine Gruppe von Haushältern in den Ashram, um Mutters darshan zu empfangen. Mutter saß mit ihnen hinter dem alten Tempel. Wenn Mutter sich unter ihren Kindern befindet, ist sie mehr als bereit, jeglichen Zweifel zu klären, den jene haben mögen. Und wenn Devotees und Brahmacharins um Mutter herumsitzen, äußert sich ihr unlöschbarer Durst nach wahrem Wissen in spontanen Fragen. Diesmal kam die Frage von einer Hochschullehrerin, die seit langem Mutter tief ergeben war.

Frage: "Amma, selbstlose Liebe und selbstloses Handeln gelten als ein Weg zu Gott. Wie aber ist es möglich, selbstlos zu lieben und zu handeln, wenn man voller Urteile und vorgefaßter Meinungen ist? Selbstlosigkeit scheint eher ein zu erreichendes Ziel zu sein und nicht etwas, das praktiziert werden kann. Amma, würdest Du das näher erklären?"

Mutter: "Selbstloses Handeln ist der äußere Ausdruck von selbstloser Liebe. Wenn das Herz von Liebe erfüllt ist, drückt sich dies als selbstloses Tun aus. Das eine ist ein tiefes inneres

Gefühl, das andere die äußere Manifestation davon. Ohne tiefe, bedingungslose Liebe kann keine selbstlose Handlung geschehen.

"In den Anfangsstadien sind die Handlungen, die wir im Namen der Selbstlosigkeit ausführen, nicht selbstlos, denn die Liebe, die wir für uns selber fühlen, ist in allem unserem Tun vorhanden; tatsächlich ist zu Beginn unsere Selbstliebe die treibende Kraft hinter jeder unserer Handlungen, auch wenn wir sie selbstlos nennen mögen. Liebe zum Ego, oder uns selbst, ist das vorherrschende Gefühl in jedem menschlichen Wesen. Solange dieses Gefühl nicht abgestorben ist, kann keine echte Selbstlosigkeit aufkommen.

"Wachsamkeit ist nötig, um das Ego daran zu hindern, sich einzuschalten. Es ist viel leichter, ins Ego verliebt zu sein, als sich vom Ideal der Selbstlosigkeit wahrhaft inspiriert zu fühlen. Meistens ist die Selbstlosigkeit, von der wir sprechen, in Wirklichkeit selbstsüchtig, weil alles was wir tun im Ego seinen Ursprung hat. Es ist das Ego, und nicht unser inneres Selbst, welches die Quelle unserer sogenannten Liebe und unserer Handlungen ist. Nichts kann selbstlos sein, solange es nicht direkt aus dem Herzen kommt, von unserem wahren Selbst. Dies ist der Grund, warum große Heilige und Weise sagen, man müßte zuerst das eigene Selbst kennen, bevor man andere lieben und ihnen selbstlos dienen kann. Andernfalls, wer weiß? Alles könnte darauf hinauslaufen, daß ihr euer eigenes Ego liebt und nichts anderes.

"Selbstlosigkeit ist der Endzustand den wir erreichen sollen. Ein Mensch kann nicht hundertprozentig selbstlos sein, bevor er nicht seine vorgefaßten Meinungen und seine beurteilende Haltung abgelegt hat. Ihr könnt jedoch Selbstlosigkeit zum Ziel haben, als Ideal, und dann versuchen, es mittels der geeigneten Methoden, die von den Meistern empfohlen werden, zu erreichen.

"Es gibt eine Geschichte von einem alten Mann, der Mangobäume pflanzte. Als der Nachbar das sah, kam er zu ihm herüber und sagte: "Denkst du, daß du lange genug leben wirst, um die Mangos von diesen Bäumen genießen zu können?"

"Nein, das bezweifle ich", erwiderte der alte Mann.

"Ja, warum verschwendest du dann deine Zeit?" fragte der Nachbar.

Der alte Mann antwortete lächelnd: "Mein ganzes Leben lang habe ich mit Genuß Mangos von Bäumen gegessen, die von anderen angepflanzt worden sind. Dies hier ist meine Art, den Leuten, die sie gepflanzt hatten, meine Dankbarkeit auszudrücken."

"Selbstlosigkeit kann die treibende Kraft hinter all euren Taten sein. Lernt dankbar zu sein, jedem Menschen, der ganzen Schöpfung, sogar euren Feinden und denjenigen, die euch beleidigen und die zornig über euch sind, denn sie alle helfen euch zu wachsen. Sie sind Spiegel, Bilder aus eurer eigenen Seele. Wenn ihr versteht, die Bilder richtig zu lesen und auszulegen, könnt ihr euer Gemüt und seine Schwächen loswerden.

"Wenn ihr Liebe und Selbstlosigkeit als euer Ziel wählt, müßt ihr wachsam sein. Beobachtet euer Gemüt ununterbrochen, denn es möchte nicht, daß ihr selbstlos handelt. Es will nicht selbstlos sein. Das einzige Ziel des Gemüts ist, euch auf dem Pfad der Selbstsucht zu halten, weil es eben selbstsüchtig ist. Solange ihr im Gemüt verweilt, könnt ihr nur selbstsüchtig sein. Ihr müßt von dem Gemüt frei sein, um selbstlos zu werden.

Beobachtet das Gemüt

Frage: "Wie kann man denn dem Gemüt entkommen?"

Mutter: "Indem man achtsam und immerzu bewußt ist. Es gab einen Mann, der häufig den Ashram besuchte. Er pflegte jedermann zu kritisieren und sich stundenlang zu beklagen. Nie hatte er über irgend jemand etwas Gutes zu sagen. Schließlich sagte Mutter zu ihm: "Sohn, du solltest die Leute nicht verurteilen.

Jeder hat Schwächen, aber auch gute Eigenschaften. Versuche, in jedem das Gute zu sehen. Das ist der beste Weg, um in Worten und Taten gut zu werden." Danach war er für eine Weile still. Als Mutter später einmal mit ihm sprach, sagte er: "Amma, weißt du was? Herr D. sagt von Herrn M., er sei ein sehr selbstsüchtiger, unfreundlicher Mensch."

"Auf die eine oder andere Art will das Gemüt seine Tricks weiter spielen. Als Mutter diesem Mann sagte, er sollte andere nicht kritisieren, konnte er wegen seiner Ehrfurcht für Mutter nicht nein sagen. So stimmte er äußerlich zu. Tief im Inneren aber wies er es zurück. Sein Gemüt konnte nicht annehmen, daß er sich ändern sollte, denn es war ein tief in ihm verwurzeltes *vasana*. Seht, das Gemüt ist ein sehr schwieriges, bösartiges Ding. Sein Gemüt wollte Mutters Rat nicht annehmen, vielmehr aber wollte es sich groß zur Schau stellen, einfach, um andere zu beeindrucken. Mit leichten Abwandlungen und Veränderungen fuhr das Gemüt fort, sein häßliches Spiel zu spielen, 'dieser Mann sagt, jener Mann sei nicht gut'. Seht, so arbeitet das Gemüt!

"Seid deshalb wachsam. Laßt nicht zu, daß das Gemüt euch übertölpelt. Seit Ewigkeiten hat es seine Tricks gespielt und euch zum Narren gemacht, Leben um Leben. Am Anfang müßt ihr wissen, daß das Gemüt ein Trickspieler ist, ein gewiefter Lügner, der euch hindert, euch eurer wahren Natur, dem Selbst, bewußt zu werden. Nur unermüdliches Beobachten wird diesen Lügner daran hindern zu lügen. So aufmerksam solltet ihr sein, daß ihr sofort bemerkt, wenn sich das Gemüt auf Zehenspitzen durch die Hintertür einschleichen will. Nichts sollte ohne euer Wissen geschehen, kein einziger Gedanke oder Atemzug sollte unbemerkt entwischen. Wenn ihr einmal fähig seid, ohne Schlaf auszukommen, dann müßt ihr euer Gemüt streng überwachen. Dann wird es zusammen mit den täuschenden Fallen der Vergangenheit einfach verschwinden.

Selbstlosigkeit kommt spontan

"Selbstlosigkeit ist ein Zustand äußerster Spontaneität, der eintritt, sobald wir im Selbst verankert sind.

Im großen Epos '*Srimad Bhagavatam*' gibt es eine Erzählung über einen Heiligen namens Samika. Diese Geschichte wird euch einen Eindruck vermitteln, wie spontan Selbstlosigkeit sein kann. König Parikshit, Arjunas Enkel, begab sich einst auf die Jagd. Es war eine langwierige und ermüdende Expedition und der König litt an Durst. Er entfernte sich allein von der Jagdgesellschaft, um eine Wasserquelle zu finden. So stieß er auf die Einsiedelei des Heiligen Samika. Durstig und erschöpft betrat der König den Vorhof und rief laut nach Wasser. Der Heilige befand sich aber in tiefem samadhi; er nahm seine Umgebung überhaupt nicht wahr. Als Samika auf des Königs wiederholtes Verlangen nach Wasser nicht reagierte, geriet der König in Wut. Er fühlte sich zutiefst beleidigt und verlor sein ganzes Unterscheidungsvermögen. Mit dem Ende seines Bogens hob er eine tote Schlange vom Boden auf und wickelte sie um Samikas Nacken. Dann verließ er den Ort. Einige Knaben, Freunde des achtjährigen Sohnes von Samika, Sringi, hatten den König beobachtet. Sie erzählten Sringi, was geschehen war während er auf dem benachbarten Feld gespielt hatte. Als der Sohn das hörte, geriet er außer sich und stieß folgenden Fluch aus: "Wer auch immer die Person sein mag, dies es gewagt hat, meinem heiligen, reinen Vater etwas so Bösartiges anzutun, wird innerhalb der nächsten zwei Tage von der schrecklichen Schlange Takshaka gebissen und dadurch seinem Tod begegnen."

"Denkt daran, der Knabe war erst acht Jahre alt, als er diesen Fluch aussprach. Das beweist die gewaltige Willenskraft jener Kinder aus alten Zeiten, die in den *gurukulas* erzogen wurden. Diese Kraft war die Kraft des *dharma*.

49

"Als der Heilige aus dem samadhi zurückkehrte, war er erschrocken, als er von dem Fluch hörte, der gegen den König ausgesprochen worden war. Unverzüglich fiel er auf seine Knie und betete: "O Herr! Mein kleiner Sohn hat in seiner Unschuld einen unverzeihlichen Fehler begangen, indem er den großen und gerechten Monarchen verfluchte. Bitte nimm den Fluch zurück und errette den König vor dem Tod." Er rief seinen Sohn herbei und sandte ihn in den Palast, um den König über den Fluch in Kenntnis zu setzten und ihn zu ersuchen, die notwendigen Vorsichtsmaßnahmen zu treffen, damit er seine Wirkung verlöre.

"Es war jedoch nicht möglich, den Fluch zurückzunehmen. Aber König Parikshit konnte Nutzen daraus ziehen, denn es wurde ihm gestattet, dem großen Weisen Suka zu begegnen, der ihm die Geschichten des Bhagavatam erzählte. Dadurch erreichte König Parikshit *moksha* (Befreiung).

"Die Geschichte zeigt, wie selbstlos und nachsichtig Samika war. Er regte sich wegen der mangelnden Unterscheidungskraft des Königs überhaupt nicht auf und fühlte sich in keiner Weise beleidigt oder mißhandelt. Als er hörte, wie der König die tote Schlange um seinen Hals gewickelt hatte, sagte der Weise zu seinem Sohn: "Du hast den König verflucht, ohne die Wahrheit zu kennen. Der König war durstig und erschöpft. In seiner Verzweiflung war Wasser das einzige, woran er denken konnte und als er keines bekommen konnte, verlor er seine Beherrschung und wickelte die Schlange um meinen Hals. Aber, vor allem, ist er der Monarch. Und auch wir in dieser abgeschiedenen Wildnis sind seine Untertanen. Er beschützt uns und deshalb können wir sicher und ungestört hier leben. Der König ist auch ein großer Devotee des Herrn. Indem du ihn verflucht hast, wirst du die Gnade des Herrn verlieren."

"Eine derartig schöne und spontane Äußerung der Vergebung kann nur aus dem Herzen einer selbstlosen Seele kommen. Wenn ihr dereinst im Selbst verankert seid, werdet ihr egofrei und eure Selbstlosigkeit wird spontan sein."

Plötzlich glitt Amma in den Zustand des *bhava samadhi*. Ein strahlendes Lächeln lag auf ihrem Gesicht. Reglos saß sie da, die rechte Hand zu einem mudra geformt, bei welchem der Zeigefinger und der kleine Finger ausgestreckt sind und die drei anderen Finger sich berühren.

Inspiriert durch ihren göttlich berauschten Zustand sangen die Brahmacharis *'Kurirul Pole....'*

Wer kann das sein
Mit solch schrecklicher Form
Dunkel wie die schwärzeste Nacht?

Wer ist Diese
Hemmungslos tanzend
Auf dem Schlachtfeld, bespritzt mit Blut
Wie ein Bukett von blauen Blumen
Wirbelnd in einem karminroten See?

Wer ist Diese
Mit drei Augen
Blitzend wie Feuerbälle?

Wer ist Diese
Mit dickem, schwarzem, wildem Haar
Niederfließend wie dunkle Regenwolken?
Warum zittern die drei Welten
Wenn ihr Tanzschritt die Erde erschüttert?

O, diese prächtige Mamsell
Ist das Schätzchen von Shiva
Dem Träger des Dreizacks!

Nach dem Lied kehrte Mutter in ihr Bewußtsein der äußeren Welt zurück. Die Hochschullehrerin war wißbegierig und wollte mehr über die Selbstlosigkeit erfahren. Sie bat Mutter um weitere Klärung.

Mutter: "Bevor ihr nicht die Verwirklichung erreicht habt, ist jedes Handeln im Namen von selbstlosem Dienst gezwungenermaßen von Selbstsucht befleckt, denn alles wird von eurem Gemüt gefiltert. Nur Handlungen, die direkt aus dem Selbst und dem Herzen kommen, können selbstlos sein. Sorgt euch aber nicht deswegen; wenn ihr entschlossen seid und die richtige Einstellung habt, werdet ihr letztendlich selbstlos werden.

"Fahrt fort, eure Handlungen in der Welt in einer Haltung der Selbstlosigkeit zu vollziehen. Am Anfang werdet ihr eine bewußte Anstrengung machen müssen, um euer Ziel nicht aus den Augen zu verlieren. Nach einiger Zeit wird die bewußte Anstrengung zu einer unbewußten Haltung werden, welche euch zum Zustand der vollkommenen Selbstlosigkeit führen wird. Eure Selbstlosigkeit wird dann spontan erfolgen. Zunächst aber ist es nötig, daß ihr andauernd auf der Hut seid. Ihr solltet sofort bemerken, wenn das Gemüt dazwischenkommt. Betrachtet das Gemüt als das, was es ist: Ein Hindernis, der größte Feind auf eurem Weg. Wißt, es ist ein Lügner. Beachtet das laute Gemüt mit seinem Geschwätz überhaupt nicht.

"Ein Medizinstudent ist noch kein Arzt. Jahrelange konzentrierte Studien und Vorbereitungen sind nötig, um ein guter Arzt zu werden. Während seiner Assistenzzeit in einem Krankenhaus mögen wir ihn trotzdem Doktor nennen, auch wenn er diesen Titel noch nicht erhalten hat. Warum? Weil es das Ziel ist, das er am Ende seiner Studien erreichen wird. Alles was er tut ist eine Vorbereitung auf dieses Ziel. Seine Absicht ist es, Arzt zu werden. Daran denkt er unaufhörlich und unternimmt jede Anstrengung, um dieses letzte Ziel zu erreichen. Er vermeidet jede Handlung oder Situation, die ein Hindernis auf seinem Weg werden könnte. Dementsprechend ist unser Ziel die Selbstlosigkeit; allerdings sind wir noch nicht dort angekommen. Mit diesem Ziel vor Augen erfüllen wir unsere Pflichten und führen unsere Handlungen aus. Und obwohl diese Handlungen noch nicht selbstlos sind, nennen wir sie selbstlos, genauso, wie wir einen Assistenzarzt schon Doktor nennen. Dies ist noch unsere Trainingsphase und wir haben einen langen Weg zu gehen, bevor wir dort ankommen. Aber wir sollten das Ziel intensiv vor Augen haben; wir sollten jeden unnötigen Gedanken vermeiden und versuchen, jedesmal, wenn wir eine Handlung ausführen, der Anhaftung an die Tat oder ihre Frucht zu widerstehen. Die Handlung wird jetzt getan, in diesem Augenblick — sie ist die Gegenwart und die Frucht ist die Zukunft. Lebt im gegenwärtigen Augenblick. Lernt, eure Handlungen ohne Anhaftung auszuführen und beachtet die Früchte nicht, die sie hervorbringen. Eine solche Haltung reinigt das Gemüt von all seiner Negativität und Unreinheit und wird uns langsam emporheben in den Zustand selbstloser Liebe und Hingabe. Später wird euch dies sogar darüber hinaus führen, letztlich zum Zustand des Höchsten Wissens.

"Ihr mögt fragen: 'Haben wir menschlichen Wesen die Fähigkeit, den Zustand reiner Liebe und Selbstlosigkeit zu erreichen?' Kinder, die Wahrheit ist, daß nur die menschlichen Wesen die Möglichkeit haben, diesen endgültigen Zustand zu erreichen. Dies hängt allerdings davon ab, wie wir denken und handeln. Diese Welt gehört uns. Es liegt an uns, ob wir daraus einen Himmel oder eine Hölle machen. Alles in der Natur bleibt genauso, wie es ist. Nur der Mensch hat die Macht zu wählen; und wenn er den falschen Weg wählt, wird alles mißlingen. Er kann sich ein Bett aus giftigen Dornen oder aus göttlich duftenden Blumen machen. Unglücklicherweise ist rund um den Globus nur zu sehen, wie hastig der Mensch sein eigenes Totenbett vorbereitet. Bewußt oder unbewußt bewegen sich die Menschen weiter vom wahren Leben weg und näher zum Tod hin. Obwohl Unsterblichkeit leicht verfügbar ist, wird sie ignoriert.

"Die Wahrheit ist, daß der Tod für uns unnatürlich ist. Der Tod ist nur für den Körper natürlich, jedoch nicht für das Selbst, welches unser wahres Wesen ist. Es ist das Leben, das Lebensprinzip, das natürlich ist. Leid ist ebenfalls unnatürlich, während Freude unser natürlicher Zustand ist. Aber der Mensch scheint darauf zu brennen, Leid und Tod zu umarmen. Er hat vergessen wie man lächelt. Nur wenn ihr die Freude im Atman anzapft, werdet ihr wirklich lächeln können. Im gegenwärtigen Zustand jedoch ist innen wenig Glück vorhanden, weil unsere Herzen mit Leid gefüllt sind. Das spiegelt sich in jedem Wort, in jedem Gedanken und in jeder Tat. Wie ist dieser Absturz aus der Unsterblichkeit geschehen? Kinder, es sind Zweifel und Furcht, die uns von der echten Freude und Unsterblichkeit weggerissen haben. Wie auch immer, diese verlorene, vergessene Freude kann wiedergewonnen werden, wenn wir uns bemühen, selbstlos zu sein. Unsterblichkeit ist unser wahrer Zustand und kann wiederentdeckt werden durch die Haltung von selbstloser Liebe und selbstlosem Handeln.

"Man braucht kein besonderes Training, um sich selbstsüchtig zu benehmen, denn Selbstsucht ist die vorherrschende Neigung im Menschen. Während alles in der Natur — die Vögel und die Tiere, die Berge, Flüsse und Bäume, die Sonne, der Mond und die Sterne — ein typisches Beispiel für selbstloses Dienen sind, ist der Mensch der einzige, der aus totaler Selbstsucht und Gier handelt. Er verweilt in seinem Ego und hat sein ganzes Leben zu einem billigen Handelsgeschäft gemacht. Das Leben ist für den heutigen Menschen nicht mehr heilig; da herrscht nur selbstsüchtiges Feilschen. Das Leben als Ganzes, das gesamte Universum, ist ein Spiel des göttlichen Bewußtseins. Aber der Mensch hat es in ein Spiel des Egos verdreht.

Das negative Gemüt

Wenn der Mensch selbstsüchtig sein will, so braucht ihm das nicht beigebracht zu werden, denn er ist es bereits, es sei denn er befindet sich in tiefem Schlaf. Sogar seine Träume sind selbstsüchtig, denn sie sind Projektionen seines selbstsüchtigen Gemütes. Weil das Negative dem Gemüt innewohnt, sind auch die meisten Träume negativ. Der Traumzustand ist eine Projektion der Vergangenheit. Bevor die Vergangenheit nicht verschwindet, kann kein spiritueller Fortschritt erreicht werden.

"Es gibt eine schöne Episode im '*Mahabharata*', in der Karna die negative und launische Natur des Gemütes beschreibt. Karna wurde überall wegen seiner Freundlichkeit und Großzügigkeit verehrt. Eines Tages rieb er Öl in sein Haar, weil er sich für ein Bad vorbereitete. In diesem Moment traf Lord Krishna ein und verlangte das juwelenbesetzte Ölgefäß als Geschenk. Krishna testete Karna, denn es war bekannt, daß Karna ohne Ausnahme alles sofort weggab, was auch immer von ihm gefordert wurde. Er ließ niemals eine Gelegenheit vorübergehen, etwas herzuschenken. Als Krishna nun nach dem juwelenverzierten Ölgefäß verlangte, das Karna benützte, war Karna ein wenig überrascht. Er sagte: "Oh Herr, wie merkwürdig, daß du dieses schäbige Ding haben willst. Aber wer bin ich, um zu urteilen? Also, nimm es!" Und weil Karnas rechte Hand voll Öl war, legte er das Gefäß mit seiner Linken in Krishnas Hand. Aber der Herr schalt Karna dafür, daß er das Geschenk mit seiner linken Hand gegeben hatte. (In Indien wird niemand etwas mit der linken Hand angeboten, weil dies als unsauber betrachtet wird.)

55

"Vergib mir, Herr!" sagte Karna. "Wie du sehen kannst, ist meine rechte Hand mit Öl bedeckt und ich befürchtete, daß mein unzuverlässiges Gemüt, in der Zeit, die ich zum Händewaschen brauche, seine Meinung ändern könnte und dir das Gefäß nicht mehr geben wollte. Mein launisches Gemüt würde mich so der guten Gelegenheit berauben, welche die Vorsehung mir gab, dir etwas anbieten zu dürfen. Deshalb habe ich augenblicklich gehandelt. Bitte, vergib mir."

"Kinder, dies ist eine gute Beschreibung des Gemüts."

"Amma sagt nicht, daß ihr jedes Handeln unterlassen müßt oder aufhören sollt, Liebe zu zeigen, bis ihr den Zustand der Vollkommenheit erreicht habt. Eure ernsthafte Anstrengung, zu lieben und selbstlos zu handeln, muß fortgesetzt werden. Amma will nur, daß ihr wißt, wie subtil das Ego ist. Wenn ihr nicht andauernd aufpaßt und vorsichtig seid, wird es euch überlisten und durch die Hintertür hereinkommen.

"Kinder, ihr könnt niemandem helfen ohne auch selber Gewinn daraus zu ziehen, und ihr könnt niemandem weh tun ohne euch selber zu verletzen. Hört diese Geschichte, die Amma kürzlich erzählt wurde.

"Ein Mann stieß auf der Straße auf einen Freund. Er bemerkte, daß der Freund vor sich hin murrte und fragte: "Was ist los, warum bist du so ärgerlich?"

Der Freund sagte: "Jener blöde Taxifahrer an der Kreuzung, jedesmal, wenn ich ihm begegne, klopft er mir auf die Schulter. Nun gut, ich habe beschlossen, ihm zu zeigen, wer ich bin!"

Sein Freund warnte ihn und sagte: "Bringe dich nicht in Schwierigkeiten."

Aber der Mürrische blieb dabei: "Dies reicht mir. Ich muß ihm eine Lektion geben!"

"Also gut," sagte der Freund, "was hast du im Sinn?"

"Hör zu," sagte der Mürrische, "heute werde ich einen Dynamitstab in meinem Mantel verstecken; danach wird er keinen Arm mehr haben, mit dem er mich schlagen kann."

Alle lachten, als Mutter die Geschichte beendet hatte.

Mutter fuhr fort: "Kinder, eine selbstlose Haltung wird uns Auftrieb geben. Indem wir anderen helfen, helfen wir eigentlich uns selber, während wir uns jedesmal schaden, wenn wir selbstsüchtig handeln. Lernt, jedermann zu segnen. Verflucht niemand, denn ein menschliches Wesen ist nicht nur ein Bündel aus Fleisch und Blut. In jedem ist Bewußtsein am Werk. Dieses Bewußtsein ist keine separate, isolierte Einheit, es ist Teil des Ganzen, des Höchsten Einen. Alles, was wir tun, spiegelt sich im Ganzen, in dem einen, universellen Geist — und kehrt mit der gleichen Intensität zu euch zurück. Jedesmal, wenn ihr eine gute oder schlechte Tat ausführt, wird sie im Universellen Bewußtsein reflektiert. Lernt deshalb, selbstlos zu sein und lernt, wie ihr jedem Segen zusenden könnt. Betet für alle, denn wir brauchen für unsere Weiterentwicklung die Unterstützung und den Segen der ganzen Schöpfung.

"Wenn wir für andere beten, so betet das gesamte Universum für uns; und wenn wir andere segnen, segnet uns das ganze Universum, weil der Mensch eins ist mit der kosmischen Energie.

"Warum hieß Krishna die ganze Bevölkerung von Vraja, den Berg Govardhana zu verehren?"[7]

Er machte diesen Tag der Verehrung zu einem großen Fest, obwohl er niemandes Segen brauchte. Er tat es nur, um der Menschheit den Weg zu zeigen, wie man den Segen der gesamten Schöpfung suchen und auf sich vereinigen kann.

---

[7] Ein heiliger Berg in der Nähe von Lord Krishnas Geburtsort. Im *Srimad Bhagavatam* steht geschrieben, daß Krishna den Hügel eine Woche lang auf dem ausgestreckten Arm trug und die Dorfbewohner aufforderte, während eines heftigen Sturmes vor den Regengüssen darunter Zuflucht zu nehmen.

Unsere geliebte Mutter selber gibt in dieser Hinsicht ein Beispiel. Bevor Mutter während der Weihe eines Brahmasthanam-tempels das Idol einsetzt, zeigt sie sich der Reihe nach in allen vier Türen des Tempels. Mit gefalteten Händen bittet Mutter um jedermanns Erlaubnis, indem sie sagt: "Die Weihung beginnt gleich. Kinder, der Segen von euch allen ist notwendig!" Daß Mutter, welche die Macht Gottes in menschlicher Form verkörpert und fähig ist, die ganze Schöpfung mit einem einzigen Blick zu segnen, um die Erlaubnis und den Segen ihrer Kinder bittet, ist ein einmaliges Beispiel von Demut. Es lehrt uns den Segen von allem und jedem zu erbitten, auch von der unbedeutendsten Kreatur.

Kapitel 5

Nach einem Programm, das in Kodungallor stattgefunden hatte, fuhren Mutter und die Ashrambewohner im Kleinbus zum Ashram zurück. In der Nähe von Alleppey hatte der Bus eine Panne. Brahmachari Ramakrishnan, der gefahren war, blickte hilflos auf Mutter. Er stieg aus und überprüfte den Motor, konnte aber keinen Schaden ausfindig machen. Noch einmal versuchte er, den Motor zu starten, aber es geschah nichts, und so fragte er Mutter, ob ein Mechaniker gerufen oder ein anderer Bus gemietet werden solle. Mutter sagte nichts. Sie lächelte nur, stieg aus dem Bus und ging davon. Br. Ramakrishnan war in einer Zwickmühle. Weil alle mit Mutter weggingen, folgte er ihnen ebenfalls und hoffte, Mutter würde ihm einige Anweisungen geben. Mutter aber überhörte seine Fragen. Nach einigen Minuten erreichte die Gruppe das Haus Mr. Sekhars, das sich ganz in der Nähe des streikenden Fahrzeugs befand. Mr. Sekhar und seine Familie waren voller Hingabe an Mutter und deshalb überglücklich, als sie sie nun vor sich stehen sahen. Sie lachten und weinten gleichzeitig und trafen hastig die nötigen Vorbereitungen, um Mutter auf die traditionelle Art willkommen zu heißen. Mit Tränen in den Augen machten sie die *pada puja* für Mutter und sangen dazu ein paar Verse aus dem '*Devi Mahatmya..*'

O Königin des Universums, Du beschützest das Weltall.
Als das Selbst des Universums trägst du das Universum.
Wahrlich, Du bist der Verehrung des Herrn aller Welten
würdig. Wer sich mit Hingabe vor Dir verbeugt, wird zur
Zuflucht des Universums.

O Devi, sei gefällig und nimm uns für immer die Furcht
vor Feinden, so wie eben, als Du die Asuras vernichtetest.

59

Und tilge rasch die Sünden aller Welten und die großen
Katastrophen, jene Früchte schlechter Vorzeichen.

O Göttin, die Du die Beschwernisse des Universums
beseitigst, sei gnädig zu uns, die wir uns verbeugt haben vor
Dir. O du, die von den Bewohnern der drei Welten verehrt
wird, erweise den Welten Deine Gunst.

Seit langem hatte die Familie gewünscht, Mutter möge sie einmal
zuhause besuchen. Sie hatten gehört, daß Mutter nach dem Programm in Kodungallor über Alleppey zum Ashram zurückkehren
werde und hofften inständig, daß Mutter ihr Haus mit ihrem
Besuch segnen werde. Vom frühen Morgen an hatten sie nur über
Mutter gesprochen, und nur wenige Augenblicke bevor Mutter
ihr Haus betrat, hatten Mr. Sekhar und sein Vater zueinander
gesagt, Mutter würde sie wohl nicht uneingeladen besuchen. Im
gleichen Augenblick stand Mutter in der Türe. Sie trauten ihren
Augen nicht. Es war wie ein Traum.

Nach der pada puja begab sich Mutter zum Familienschrein,
wo sie vor dem Altar das Arati ausführte. Danach rief Mutter
jedes Familienmitglied zu sich und sprach einzeln mit jedem. Sie
hörte sich die Berichte ihrer sorgenvollen Herzen an und tröstete
sie zärtlich mit einer mitfühlenden Berührung und mit beruhi-
genden Worten. Mutter verbrachte fünfundvierzig Minuten mit
den Sekhars.

Als Mutter das Haus verließ, wartete draußen ein trauriger,
verwirrter Ramakrishnan. Mutter ging ohne ein Wort zu sagen
zum Ashrambus zurück. Als sie beim Fahrzeug ankamen, sagte
Ramakrishnan: "Mutter, der Bus ist noch nicht repariert worden."
Mutter stieg ein und sagte: "Versuche nochmal den Motor
anzulassen." Ramakrishnan tat, was Mutter sagte, und drehte den
Zündschlüssel um. Der Motor sprang sofort an und das Fahrzeug
setzte sich ruhig in Bewegung. Mit einem breiten Grinsen drehte

sich Ramakrishnan herum, blickte Mutter an und sagte: "Das war also wieder eines Deiner *leelas*!" Mutter hatte einen schelmischen Ausdruck in ihrem Gesicht, als ob sie sagen wollte: "Sohn, Du hast nur ein winziges Teilchen dieses unendlichen Spieles gesehen."

Das Leben mit Mutter gleicht einem Flugzeug, das für den Abflug zur Piste rollt. Zuerst bewegt sich das Flugzeug langsam vom Flughafengebäude weg der Piste entgegen, dann beschleunigt es und rollt schneller und schneller bis es schließlich abhebt. Wenn ihr lernt, in einer Haltung von Liebe und Selbsthingabe in Mutters Gegenwart zu leben, werdet ihr gewiß bis zum Startpunkt gelangen. In Mutters Anwesenheit bleibt ihr nicht der gleiche Mensch — vielmehr verwandelt ihr euch innerlich andauernd. Die alten Muster verschwinden, während ihr tiefer und tiefer in die neuen Bereiche eurer wahren Existenz vordringt.

Auf dem Rückweg zum Ashram besuchte Mutter noch zwei weitere Häuser von Devotees in Harippad. Es war neunzehn Uhr dreißig als Mutter und die Gruppe schließlich im Ashram anlangten. Dort wartete ein Brahmachari namens Anish[8] auf Mutters Rückkehr. Er war von Bombay gekommen, wo er in einer anderen spirituellen Organisation einen Kurs über den Vedanta belegt hatte. Dies war sein erster Besuch in Mutters Ashram. Mutter setzte sich mit ihm in die Nähe des alten Tempels und unterhielt sich mit ihm, während die Gruppe, welche mit Mutter gereist war, sich entfernte, um am abendlichen bhajan-Singen teilzunehmen. Es wurde 'Akalatta Kovilil....' gesungen.

> *In einem entfernten Tempel brannte unermüdlich ein Docht*
> *Denjenigen leuchtend, die im Dunkel tappen.*
> *Auf diese Weise zeigte Mutter Ihre Barmherzigkeit.*

---

[8]   Swami Amritagitananda.

Einst als ich ging auf diesem Pfad
Winkte die Strahlende mir mit der Hand
Sie öffnete die heilige Türe
Nahm ein wenig heilige Asche
Und rieb sie auf meine Stirn.

Sie sang Lieder über Gott
Und bereitete mir einen Schlafplatz
Mit Ihren eigenen weichen Händen
Eine neue Art Traum kam zu mir
Die Wahrheit verkündend
Warum weinst du?
Weißt du nicht, daß du erreicht hast
Die Heiligen Füße des Herrn?
Seufzend erwachte ich
Und sah sein Lotosgesicht ganz klar
So deutlich habe ich es gesehen

Liebe und Freiheit

Nach den bhajans blickten alle still auf Mutter, die an der Süd-
seite des Tempels saß. Einer der Brahmacharis stellte spontan
eine Frage.

"Ewige Befreiung von allen Bindungen ist das Ziel eines
wahren spirituellen Suchers. Aber irgendwo scheint da das Mißverständnis zu bestehen, das Erreichen ewiger Freiheit und der
Pfad der Liebe und Hingabe seien zwei getrennte Dinge. Amma,
bitte beleuchte diesen Punkt für uns."

Mutter: "Liebe und Freiheit sind nicht zwei; sie sind eins. Sie
sind voneinander abhängig. Ohne Liebe kann keine Freiheit sein
und ohne Freiheit gibt es keine Liebe. Ewige Freiheit existiert nur
da, wo alle Negativität ausgerottet ist. Nur im Zustand der Liebe

wird sich die schöne, duftende Blume der Freiheit und höchsten Seligkeit öffnen und blühen.

"Es gibt eine alte Geschichte über eine Gruppe von Mönchen, die mit ihrem Meister in einem Kloster lebte. Die Mönche führten ein sehr diszipliniertes Leben voller Hingabe. Der Ort war von einer so wunderbar spirituellen Atmosphäre erfüllt, daß die Menschen von nah und fern herbeikamen. Aber eines Tages verließ der Meister seinen Körper. Die Schüler führten anfänglich das gleiche Leben weiter, wie zuvor, aber nach und nach wurden sie nachlässig. Ihre Hingabe und Disziplin verschwanden allmählich und das Kloster geriet in einen verwahrlosten Zustand. Die Besucher blieben fern und kein neuer Mönch wollte mehr in die Gemeinschaft eintreten. Alle Mönche fühlten sich tief entmutigt. Sehr oft stritten sie miteinander, ihre Herzen waren trocken und sie konnten keine Liebe und Hingabe mehr empfinden.

"Eines Tages faßte einer der ersten Mönche den Beschluß, daß etwas unternommen werden müsse. Er hatte von einem spirituellen Meister gehört, der in einem nahegelegenen Waldgebiet als Einsiedler lebte. So verließ er das Kloster und ging den Meister suchen, um seinen Rat einzuholen. Als er ihn gefunden hatte, berichtete er ihm von dem vernachlässigten Zustand des Klosters und der verzweifelten Situation der Mönche. Der Meister lächelte und sagte: "Es gibt einen unter euch, der ein großer Heiliger ist, eine echte Inkarnation von Gott selbst. Die Mitbrüder begegnen ihm weder mit Liebe noch mit Respekt und darin liegt der wahre Grund all eurer Probleme. Aber die Inkarnation Gottes lebt in Verkleidung unter euch. Er wird sich nicht zu erkennen geben." Nachdem der Meister so gesprochen hatte, schloß er die Augen und glitt in den Zustand des samadhi. Der Mönch konnte keine weitere Auskunft von ihm bekommen.

"Auf dem Rückweg zum Kloster dachte der Mönch darüber nach, welcher seiner Brüder die Inkarnation sein könnte.

'Vielleicht ist es derjenige, welcher sich um unsere Wäsche kümmert', dachte er für sich selbst. 'Nein, dieser kann es nicht sein, er hat zu oft schlechte Laune. Könnte es vielleicht der Koch sein?' überlegte er weiter. 'Nein, jener kann es auch nicht sein, denn er macht seine Arbeit zu nachlässig und kocht schlecht.' In dieser Weise ging er in Gedanken die ganze Liste der Mönche durch und verwarf jeden wegen der schlechten Eigenschaften, die er bei ihm gesehen hatte. Plötzlich durchzuckte ihn folgender Gedanke: 'Es muß einer der Mönche sein, weil der Meister es so sagte. Aber ich kann ihn nicht erkennen, weil ich selber nur die Fehler von allen sehe. Was aber, wenn der Heilige absichtlich Fehler macht, um sich besser verbergen zu können?'

Sobald der Mönch das Kloster erreicht hatte, berichtete er seinen Brüdern von der großen Neuigkeit, die er von dem Meister vernommen hatte. Alle waren erstaunt, blickten sich gegenseitig intensiv an und versuchten, auf diese Weise herauszufinden, wer die Göttliche Inkarnation sein könnte (jeder wußte, daß er selbst es nicht sein konnte). Aber wie sie sich umschauten, sahen sie nur ihre Brüder, die sie so gut kannten, mit allen ihren Fehlern und Mängeln. Eine große Diskussion entstand darüber, wer wohl der Mahatma sei. Schließlich beschlossen sie, sich anzustrengen, respektvoll, freundlich und demütig miteinander umzugehen, weil sie ja keine Ahnung hatten, wer von ihnen der Mahatma war, und weil sie sich vor einem Meister nicht respektlos und arrogant verhalten wollten. Alle Mönche waren der Meinung, daß dies eine ausgezeichnete Idee sei. Von da an behandelten sie sich gegenseitig ganz anders, nämlich mit großem Respekt und mit Freundlichkeit, weil sie nie wußten, ob der Mönch vor ihnen der Mahatma war. Und indem sie sich bemühten, in jedem nur das Gute zu sehen, fingen sie an, sich innig zu lieben. Schließlich war es ihnen möglich, den Heiligen in jedem ihrer Brüder zu sehen. Durch die Liebe, die ihre Herzen erfüllte, fiel das Negative, welches sie so lange beherrscht hatte, von ihnen ab. Allmählich begannen sie, den Heiligen klar wahrzunehmen, nicht nur im anderen, sondern überall — sogar in sich selbst, und sie erreichten den Zustand Ewiger Freiheit. Die Atmosphäre im Kloster veränderte sich völlig, und die Besucher kehrten zurück, um die Liebe und Göttlichkeit, welche diesen Ort nun wieder durchdrang, in sich aufzunehmen."

"Also Kinder, Liebe und Freiheit sind voneinander abhängig.

"Völlige Befreiung von den Fesseln des Gemüts und des Egos schafft ein inneres Fließen von Liebe. Die Menschen sind durch Vergangenheit und Zukunft gebunden. Dies ist der Grund, weshalb Liebe in der Welt so schwer zu finden ist. Damit man wirklich lieben kann, müssen sich Vergangenheit und Zukunft auflösen und verschwinden. Dann könnt ihr den gegenwärtigen Moment so erfahren wie er ist. Wenn ihr den Augenblick in einem Zustand völliger Offenheit erleben könnt, geht ihr über zum nächsten Moment und bleibt in dieser Verfassung. Wenn ihr im Augenblick lebt, völlig im Hier und Jetzt seid, kümmert euch der nächste Moment überhaupt nicht, er fällt euch nicht einmal ein. Nichts macht euch Sorgen und ihr habt weder Ängste noch vorgefaßte Meinungen. Und in gleicher Weise geht ihr zum nächsten Augenblick über und laßt den vorherigen ganz los. Das Vergangene bedeutet euch nichts mehr, ihr vergeßt es. Nichts kann euch binden, ihr seid immer frei. Um immer wirklich lieben zu können, müßt ihr von allem frei sein. Um ganz frei zu werden, muß aber gleichzeitig Liebe in euch sein. Wenn ihr mit Zorn, Angst oder Eifersucht gefüllt seid, werdet ihr zu Sklaven dieser Gefühle, und was immer ihr denkt oder tut, wird durch die Negativität in eurem Inneren gefärbt. Wie könnt ihr frei sein, wenn ihr gebunden seid durch Bedauern über das Vergangene und Sorgen wegen der Zukunft? Wenn ihr im Namen der Freiheit versucht, der Welt davonzulaufen, z.B.

zu einer Höhle im Himalaja oder an einen anderen abgelegenen Ort, wird euch das nur in Schwierigkeiten bringen. Euer Gemüt wird sich bald einsam fühlen — und was geschieht, wenn ihr euch in den Fängen der Einsamkeit befindet? Ihr ermattet und fangt an zu brüten und zu träumen. Echte Freiheit entsteht nur, wenn wir lernen, jedermann und alles zu lieben. Nur so vergeht die Nacht des Unwissens und der Tag der Höchsten Verwirklichung kann beginnen.

"Amma hörte folgende Geschichte: Ein spiritueller Meister stellte seinen Schülern die Frage: "Woher wißt ihr, wann die Nacht zu Ende ist und der Tag begonnen hat?" Ein Schüler antwortete: "Dann, wenn man in der Ferne eine Person sieht und sagen kann, ob es ein Mann oder eine Frau ist." Aber der Meister schüttelte den Kopf über die Antwort. Ein anderer Aspirant sagte: "Dann, wenn man in der Ferne einen Baum sieht und sagen kann, ob es ein Mangobaum oder ein Apfelbaum ist." Aber auch diese Antwort war nicht richtig. Die Schüler waren neugierig und baten den Meister, ihnen die richtige Antwort zu verraten. Der Meister lächelte und sagte: "Wenn ihr jeden Mann als euren Bruder und jede Frau als eure Schwester betrachten könnt, dann ist die Nacht zu Ende und der Tag beginnt. Bis es soweit ist, kann die Mittagssonne auf die Erde strahlen und es ist trotzdem Nacht und ihr seid im Dunkeln."

"Kinder, diese Geschichte ist gut, behaltet sie im Gedächtnis. Nur wenn ihr lernt, jedermann gleichermaßen zu lieben, wird echte Freiheit aufkommen. Bis dahin seid ihr gebunden; ihr seid Sklaven eures Gemüts und eures Egos.

"Um frei zu werden, müßt ihr lieben. Und ihr seid nur dann fähig, selbstlos zu lieben, wenn ihr frei seid von allem was euch bindet, körperlich und seelisch.

Lebt eurem eigenen Dharma gemäß

Ein verheirateter Devotee stellte folgende Frage: "Amma, wir sind Familienmitglieder, die draußen in der Welt ihren Lebensunterhalt verdienen und die Familie beschützen müssen. Sollten wir ein besonderes Tätigkeitsfeld suchen, damit wir Liebe und Freiheit erfahren können?"

Mutter: "Kinder, bleibt wo ihr seid und erfüllt eure Pflichten mit Liebe und Hingabe. Lauft nicht davon, wenn ihr verheiratet seid und die Welt eure Heimat ist. Gebt eure Arbeit und Verantwortung als Ehemann, Ehefrau oder Eltern nicht auf. Glaubt nicht, daß Gott euch nur dann annimmt, wenn ihr all euren Verpflichtungen entsagt habt und safranfarbige Kleider tragt. Nein, so ist es nicht. Tragt weiterhin die gleichen Kleider, erfüllt eure Pflichten, bleibt in der Familie und leistet eure Arbeit. Lernt dabei aber gleichzeitig, in eurem wahren Selbst zu leben. Das ist die höchste Kunst, die wir erlernen sollten. Alles andere lernen wir, nur nicht diese Kunst, in unserem eigenen Selbst begründet zu sein.

"Wir sollten lernen, unserem Dharma entsprechend zu leben. Niemals sollten wir versuchen, das Dharma von jemand anderem zu übernehmen. Das wäre so gefährlich, wie wenn ein Zahnarzt sich als Herzspezialist betätigen und einen Herzkranken behandeln würde. Es ist für beide, den Arzt und den Patienten, gefährlich, wenn ersterer etwas zu behandeln versucht, wozu er nicht qualifiziert ist. Es versteht sich von selbst, daß der Zahnarzt bei seinem Metier bleiben sollte. Es gibt genügend Arbeit auf seinem Gebiet. Indem er jede Handlung sorgfältig in einer Haltung von Liebe, Hingebung und Selbstaufgabe ausführt, kann er Vollendung erreichen."

Ein Devotee bemerkte: "In der *Srimad Bhagavad Gita* steht geschrieben: 'Lieber in der eigenen Pflicht sterben; die Pflicht eines anderen ist mit Gefahr verbunden.'" (Ch. 3, V. 35)

Mutter lächelte und fuhr fort: "Man kann nicht leben ohne auf irgendeine Art aktiv zu sein, weder körperlich, noch seelisch oder geistig. Jedermann ist dauernd mit irgend einer Art von Handlung beschäftigt; es ist dies ein unveränderliches Naturgesetz. Niemand wird über Nacht rein und selbstlos; es braucht Zeit und konzentrierte Anstrengung, gepaart mit gewaltiger Geduld und Liebe. Seid aktiv in der Welt, ohne je zu vergessen, daß es das endgültige Ziel eures Lebens ist, aus allen Bindungen und Begrenzungen auszubrechen. Erinnert euch auch immer daran, daß ihr ein hohes Ziel zu erreichen habt. Tut einfach, was getan werden muß, aber verpaßt dabei keine einzige Gelegenheit, selbstlos zu handeln. So werdet ihr allmählich ein reines Gemüt und Hingabe erlangen. Wenn ihr mit Sorgfalt vorangeht, wird euch mehr geistige Klarheit und ein tieferes Verständnis zuteil. Schließlich wird euch diese Haltung zum Zustand der Vollendung führen, zum Zustand der Selbstverwirklichung.

"Jede Handlung, die in der richtigen Haltung, mit dem rechten Verständnis und der nötigen Unterscheidungskraft ausgeführt wird, bringt euch der Befreiung näher. Die gleiche Handlung wird euch hingegen binden, wenn sie ohne diese richtige Haltung geschieht. Eine Tätigkeit kann entweder wie ein Reinigungsmittel wirken, das euch helfen wird, eure göttliche Natur zu verwirklichen, oder sie kann den bereits bestehenden Anteil an Negativität vergrößern, was schließlich großes Leiden verursachen wird.

"Bei allem, was ihr tut, solltet ihr versuchen, bewußt zu sein. Wenn ihr immerzu achtsam seid, werdet ihr langsam anfangen, die unnötige Bürde eurer negativen Gedanken, die ihr mit euch herumtragt, wahrzunehmen. Wachsamkeit hilft euch, alle Bürden abzulegen und frei zu sein.

"Nichts sollte ohne euer Wissen geschehen. Nicht ein einziger Gedanke sollte aufkommen ohne von euch bemerkt zu werden. Beobachtet das Gemüt und seine verschiedenen Stimmungen genau. Wenn ihr bewußt beobachtet, so wird klar, was in eurem Inneren geschieht. Ein gerade aufsteigender Ärger zum Beispiel wird dann erkannt und kann nicht ohne euer Wissen ausbrechen. Beobachtung allein genügt jedoch nicht. Versucht, den Ursprung der jeweiligen Gemütsbewegung zu finden.

Die Wurzel des Zorns erkennen und ausreißen

Frage: "Amma, wie können wir die Ursache unseres Zorns aufspüren und beseitigen?"

Mutter: "Irgend etwas hat den Zorn bewirkt. Es muß eine Hauptursache geben, die ihn auslöst. Diese Ursache ist nicht sichtbar. Die versteckte Wurzel muß im Inneren gesucht werden. Der Zorn ist an der Oberfläche, ihr könnt ihn mit vertiefter Innenschau erkennen. Es muß aber die Hauptursache gefunden werden, die in eurem Unbewußten wurzelt, tief unter der Oberfläche eures Gemüts. Gelingt es, sie zu beseitigen, dann wird der Zorn zerstört und die Turbulenzen an der Oberfläche verschwinden.

"Der Zorn an der Oberfläche des Gemütes kann mit einem Baum verglichen werden. Die Ursache des Zorns ist wie die unsichtbare Wurzel. Sie gibt dem Baum die Kraft. Wenn wir den Baum zerstören wollen, muß er ausgerissen werden. Dabei wird die Wurzel beschädigt und der Baum stirbt. Auf die gleiche Weise sollten wir das Negative in uns zerstören. Wie der Baum bezieht es seine Kraft aus einer Ursache, einer Wurzel, die tief in unserem Gemüt verankert ist. Können wir sie finden und ausreißen, dann wird das Negative verschwinden und nie mehr zurückkehren. Dies ist nur möglich, wenn wir wachsam sind.

"Wachsamkeit verhindert, daß ihr in die falsche Richtung geht oder etwas Unrechtmäßiges tut. Dauernde Wachsamkeit macht euch so rein, daß ihr am Ende selber zur eigentlichen Verkörperung der Reinheit werdet — und das ist euer wahres Wesen. Habt ihr diesen höchsten Zustand erreicht, wird jedes Bestreben, jedes Wort, jede Handlung rein sein. Die Bürde der Unreinheit ist verschwunden; es existiert nur noch das Licht der Reinheit. Dann nehmt ihr alles als das Reine Bewußtsein wahr und alles ist für euch dasselbe. Äußere Erscheinungen sind nicht länger bedeutsam, denn ihr habt die Fähigkeit entwickelt, tief einzudringen und alles zu durchschauen. Materie, die sich ständig verändert, verliert ihre Bedeutung. In allem erkennt ihr den unbeweglichen Atman (das Selbst).

Mutter schloß die Augen und begann 'Santamayi Orukatte...' zu singen.

Laßt fröhlich strömen den Fluß des Lebens
Bis endlich er schaut das Meer der Stille
Und eintaucht in den
Ozean von Sat, Chit, Ananda.

Das Meer verdunstet sein Wasser
Das sich ballt in füllige Wolken
Die als Regen niederfallen
Um schnelle Ströme zu werden
Die eilend ins Meer sich entleeren.

Unsere Erfahrungen, wenn auch gemischt
Sind sinnvoll im Göttlichen Spiel.
Unser Leben hin und her geweht auf dem Weg,
Getrieben vom Verlangen

Nach Auflösung und Erfüllung
Im Großen Jenseits, dem Gott.

Immerzu fließt der Strom des Lebens
Erfahrung und Weisheit vertiefend.
Laßt ruhig ihn ziehen, ohne Hindernis,
Zur letzten Rast mit dem geliebten Herrn.

Mutter ist die Verkörperung Höchster Reinheit und Liebe. In ihrer Gegenwart geschieht die Reinigung ohne Anstrengung. In dieser Reinheit wird das ganze Universum reflektiert und die kosmische Energie erfahren. Diesem Höchsten Licht, dieser Reinheit und Liebe können wir uns öffnen und uns anbieten. Als Gegengabe werden wir rein gemacht. Mutter schenkt uns Reinheit und Liebe und unsere Unreinheit nimmt sie glücklich als Gegengabe an. Geht zu ihr mit dem Gebet: "O Mutter, hier ist Dein Kind. Ich habe Dir nichts anderes anzubieten als meine Unreinheit. O großzügige Gebende, nimm mein Leben an. Reinige mich und laß mich für immer zu Deinem reinen Werkzeug werden."

Fragt euch: "Warum kann ich nicht einfach lächeln und glücklich sein?"

Ein amerikanischer Devotee sagte zu Mutter: "Amma, meine Vergangenheit belastet mich schrecklich. Gibt es keinen Weg, dem zu entkommen? Du sagst, ich solle lächeln, aber ich kann nicht lächeln. Ich bin so verspannt und verängstigt. Wie kann ich das überwinden und beginnen zu lächeln, wie du es mir sagst?"

Mutter: "Solange du die Last deiner Vergangenheit trägst, kannst du nicht echt lächeln. Du mußt dich selbst fragen: "Warum bin ich traurig, warum kann ich nicht einfach lächeln und glücklich sein?"

"Betrachte die Schönheit und Vollendung der Natur. Die ganze Natur ist voll von Freude, obwohl sie nicht die Intelligenz des Menschen hat. Die ganze Schöpfung jubelt. Die schönsten Blumen werden von den Menschen gepflückt, einfach am Stengel abgerissen. Einige werden zu Girlanden gebunden, andere unachtsam zertrampelt. Ihre Lebensspanne ist so kurz und doch bietet sich die Blume uneingeschränkt an. Sogar den eigenen Nektar gibt sie den Bienen ab — und trotzdem ist sie glücklich. Die Sterne funkeln am Himmel, die Flüsse ziehen glückselig dahin, die Zweige der Bäume tanzen im Wind und die Vögel zwitschern ihre Lieder. Du solltest dich fragen: "Warum nur fühle ich mich so elend inmitten dieser fröhlichen Feier?"

"Stelle die Frage 'warum' immer wieder und du wirst die Antwort finden. Die Antwort ist, daß die Blumen, Sterne, Flüsse, Bäume und Vögel kein Ego haben. Weil sie egofrei sind, kann nichts sie verletzten. Wenn du ohne Ego bist, kannst du nicht anders als dich freuen. Sogar Geschehnisse, die normalerweise schmerzvoll sind, werden umgewandelt in Augenblicke der Freude.

"Unglücklicherweise hast du ein Ego und bist unzählige Male von Menschen verwundet worden. Ein Berg von verletzten Gefühlen hat sich in dir angehäuft. Deine Individualität, dein Ego, ist verletzt worden. Alle diese Wunden sehen nicht gut aus; Eiter und Blut tropfen heraus. Es ist erstaunlich, daß du in diesem Zustand gelebt hast, ohne nach einer wirksamen Behandlung zu suchen.

"Wie bereits gesagt ist die beste Behandlung das genaue Beobachten des Gemütes. Dies wird die versteckte Ursache deines Leides ans Licht bringen. Das Ego ist die Ursache, die unsichtbare Wurzel. Das unsichtbare, aber machtvolle Ego muß bloßgelegt werden. Wenn es ans Licht gezogen wird, verschwindet es, indem es sagt: "Hier habe ich nichts zu tun, also dann, Tschüß, ich werde dich nie wieder sehen." Es wird nicht sagen: "Auf Wiedersehen."

Das Ego bloßzulegen ist dasselbe wie es zu zerstören; es ist, als ob der versteckte Dieb ins Scheinwerferlicht gerät.

"Laß alles Bedauern über die Vergangenheit gehen und entspanne dich. Entspannung hilft dir, mehr Kraft und Vitalität zu gewinnen. Entspannung ist eine Technik mit deren Hilfe du Einblick in deine wahre Natur, in die unendliche Kraftquelle deiner Existenz, bekommen kannst. Erwirb die Fähigkeit, in Zeiten von Hetze und Belastung entspannt zu bleiben. Lerne, daneben zu stehen und negative Gedanken, verletzte Gefühle und Qualen des Gemütes, die in dir wühlen, lediglich zu beobachten.

"Entziehe solchen Gedanken deine Mitarbeit und laß dich nicht in Streß und Verzweiflung geraten. Hast du diese Technik erst einmal erlernt, wirst du erkennen, daß Spannungen, Belastungen und Negativitäten, die du mit dir herumträgst, dem Gemüt angehören. Sie gehören nicht zum inneren Selbst, zu deinem wahren Wesen.

"Am Anfang wirst du dich nicht völlig entspannen können; zuerst wirst du vielleicht nur eine Ahnung davon bekommen. Hast du aber einmal eine Kostprobe erhalten, erwacht dein Interesse. Es ist eine wunderbare Erfahrung, die du genießen darfst. Du wirst die Erfahrung wieder und wieder machen wollen, und dies in zunehmendem Maß. Während du die Technik erlernst, um in diese Stimmung zu gelangen, wirst du ein intensives Verlangen spüren, darin zu bleiben, denn für einen Augenblick kannst du alles vergessen; während weniger Sekunden hast du echten Frieden und echte Freude erlebt und kannst diese kostbaren Augenblicke kaum loslassen. Es ist auch nicht beschreibbar, welch vibrierende Wachheit du nach dieser Entspannung erlebst. Du fühlst ein unstillbares Verlangen, in diesen Zustand zurückzukehren.

"Denke daran: Entspannung gibt dir die Stärke und die Energie, allen Herausforderungen, die in der Zukunft auf dich warten, zu begegnen. Es genügt, gelassen und gleichzeitig wachsam zu sein.

Mutter bat die Brahmacharis, ein bhajan zu singen. Gemeinsam stimmten sie 'Anantamayi Patarunnor..' an.

Der weit sich ausdehnende Himmel
Des inneren Wesens
Vibrierend vor Begeisterung
Wacht auf.
O Mutter!
Göttin Ambika, Ewige Jungfrau
Unendlich, glückselig und unbefleckt...

Nie — Oh, niemals mehr erlaube diesem Bittenden
Der Verführung zu erliegen!
Die Tage vergehen und
Der Schmerz meines Herzens wächst
O Göttin meines Herzens
Gewahrst Du das nicht?

Ist da keine Mutter für mich?
O, habe ich keine Mutter?
Sag es mir, O Glückselige
Sag es mir...
Nicht suche ich Seligkeit oder anderes
Reine Liebe nur schenke mir und Hingabe.

Wachsamkeit und Shraddha

Nachdem das Lied verklungen war, saßen alle versunken da, bis nach einer Weile eine weitere Frage gestellt wurde.

"Amma, ist Wachsamkeit dasselbe wie *shraddha*?"

Mutter: "Spiritualität als Ganzes kann in ein Wort gefaßt werden, und das ist 'shradda'. Shradda ist der bedingungslose Glaube, den der Jünger an die Worte seines Meisters oder an die Aussagen der Schriften hat. Die Worte eines Meisters stimmen völlig mit den Worten der Schriften überein, denn die Worte eines echten Meisters sind tatsächlich die Schriften. Ein Jünger, der mit solchem Glauben ausgestattet ist, wird immerzu sein Gemüt und seine Gedanken beobachten. In diesem Sinne ist shradda auch Wachsamkeit. Die Bedeutung von shradda ist ununterbrochenes Gewahrsein. Dies ist allerdings nur möglich, wenn ihr entspannt seid. Ein verspannter, aufgeregter Mensch, der dauernd an die Fehlschläge in seinem Leben denkt, kann weder wachsam sein noch den gegenwärtigen Moment voll wahrnehmen. Genauso ist es mit einem Menschen, der immerzu von der Zukunft träumt. In beiden Fällen werdet ihr träge; ihr verliert eure Kreativität und Schaffenskraft. Entspannung hingegen wird eure Wahrnehmung schärfen und euer wahres Wesen zum Vorschein bringen. Nur ein entspannter Mensch kann immer wachsam und bewußt sein.

"Kinder, Fehlschläge gehören zum Leben. Nehmen wir an, wir sind über etwas gestolpert und hingefallen. Wir denken nun nicht: "Also gut! Nun bin ich gefallen, laßt mich also für immer hier am Boden liegen. Ich werde nicht mehr aufstehen und weitergehen." Es wäre lächerlich, in dieser Art zu denken.

"Ein Kleinkind wird hundertmal hinfallen, bevor es richtig gehen kann, das ist natürlich. Genauso natürlich gehören Fehlschläge zu unseremLeben. Denkt daran, daß jeder Fehlschlag mit einer Erfolgsbotschaft einhergeht. Das Kleinkind wird fallen, bevor es lernt, mit festen Schritten zu gehen und unsere Fehlschläge sind der Beginn des Aufstiegs zum endgültigen Sieg. Es gibt also keinen Grund, sich enttäuscht oder frustriert zu fühlen. Bleibt nicht im Dunkeln. Kommt heraus ins Licht.

Ihr seid das Licht von Gott

"Ihr gehört nicht ins Dunkel. Dunkelheit ist ein Gefängnis, das euer Gemüt und euer Ego schufen; ihr habt es euch auferlegt und selber geschaffen. Es ist nicht euere wirkliche Heimstätte, denn ihr gehört zum Licht. Ihr seid das Licht von Gott. Laßt das Dunkle deshalb los. Erkennt, daß ihr im Gefängnis seid; nehmt es wahr als das, was es ist, und begreift, daß es nicht euer wirkliches Heim ist. Wir haben unserer Gefängnis und unsere Gefangennahme selber geschaffen. Niemand anderer ist verantwortlich oder beteiligt. Bemerkt, daß die Dunkelheit dunkel ist und nicht hell. Wir sind im Dunkeln und denken unglücklicherweise wir befinden uns im Licht. Das Denken ist das Problem. Wir sind völlig identifiziert mit dem Denkprozeß.

"In unserem gegenwärtigen Gemütszustand glauben wir, wir seien frei und im Licht, obschon wir im Dunkel sind und gebunden durch das selbstgeschaffene Ego. Wir verwechseln Dunkelheit mit Licht und Bindung mit Freiheit. Es ist eine Frage der Wahrnehmung, ob wir die Bindung als das nehmen, was sie ist. Wir merken nicht, daß wir gefangen sind, denn wir waren zu lange im Dunkeln. Die Fesseln betrachten wir als Schmuck und das Gefängnis ist beinahe unser Zuhause geworden. Was wir als Verzierungen bewundern — Berühmtheit, Macht, Reichtum — sind in der Tat Fesseln. Diese falsche Auffassung macht Elend und Trauer zu einem Bestandteil unseres Lebens und deshalb können wir nicht uneingeschränkt lächeln. Wahr ist jedoch genau das Gegenteil. Wir sind das Licht des Göttlichen und Glückseligkeit ist unser Geburtsrecht. Wir sind der ewig freie, unendliche Atman.

"Eine undeutliche Erinnerung an unser wahres Wesen ist noch vorhanden. Manchmal wird diese Erinnerung etwas deutlicher. Meist aber ist es uns nicht bewußt und wir verbleiben in

Bindungen. Wenn uns die Erinnerung aufrüttelt, mühen wir uns ab, um uns zu befreien. Eine Besonderheit der Fesseln ist jedoch, daß sie enger werden, wenn wir sie loswerden wollen. Hört also auf, an den Ketten zu zerren. Beruhigt und entspannt euch und ihr werdet entdecken, daß ihr frei seid. Es genügt, sich der Bindung bewußt zu werden, um ihren Krallen zu entkommen. Ihr klammert euch an unwirkliche Objekte, die von eurem Gemüt geschaffen wurden. Unklugerweise identifiziert ihr euch mit euren Gedanken und verursacht damit das eigene Gefängnis und eure Einkerkerung. Wie könnt ihr euch befreien? Es ist sehr leicht. Lockert den Griff und entzieht eure Mitarbeit — laßt einfach los.

"Wißt ihr, wie man in gewissen Gegenden Indiens die Affen einfängt? Man stellt einen enghalsigen Krug, der mit Nüssen und anderen Leckerbissen gefüllt ist, auf den Boden. Ein Affe wird sich nähern und seine Hand in den Krug stecken, um den Inhalt herauszuholen. Weil seine Hand nun aber gefüllt ist, kann er sie nicht mehr durch den engen Hals zurückziehen. Der dumme Affe läßt die Nüsse nicht los und ist deshalb gefangen. Weil er sich an ein paar Nüsse klammert, verliert der arme Affe die ganze Wildnis mit ihren schönen Bäumen und die weite Gegend, in der er frei herumziehen, spielen und sich nach Herzenslust vergnügen könnte. Um einiger weniger Nüsse willen verliert er den Überfluß an frischen, köstlichen Nüssen und Früchten, die er in der freien Natur zur Verfügung hat. Er verliert seine ganze natürliche Umwelt.

"Menschen verhalten sich sehr ähnlich. Jemand ruft aus: "Befreie mich! Ich will Freiheit!" Aber wer hat ihn gefesselt? Was bindet ihn? Niemand — nichts. Er muß lediglich aufhören, all diesen unnötigen Lärm zu verursachen und aufhören zu kämpfen. Wenn er sich beruhigt und entspannt hat, wird er sehen, daß er es ist, und er allein, der für seine Bindung verantwortlich ist. Er muß nur die paar Nüsse loslassen, die er festhält, und schon kann er mühelos seine Hand aus dem enghalsigen Krug, bestehend aus Körper, Gemüt und Intellekt, herausziehen. Er kann ewig frei sein. Das gesamte Universum ist sein."

Eine notleidende Seele trösten

Neben Mutter saß eine traurig wirkende Devotee aus dem Westen. Mutter drehte sich ihr zu und fragte liebevoll, weshalb sie betrübt sei. Mit Tränen in den Augen blickte die Frau zu Mutter auf. Es schien, daß sie eine private Unterhaltung wünschte. Mit einer Handbewegung forderte Mutter alle auf wegzugehen, mit Ausnahme von Brahmacharini Gayatri, die als Übersetzerin benötigt wurde. Nun schüttete die Devotee Mutter ihr Herz aus. Sie hatte in den vergangenen Jahren zwei Schwangerschaftsabbrüche machen lassen und war seither ständig von Gewissensbissen geplagt. Sie sagte zu Mutter: "Je mehr ich zu vergessen suche, desto stärker quält mich jetzt die Erinnerung. Ich kann mir das nicht verzeihen. Mutter, vergib Du mir, was ich getan habe! Hilf mir zu vergessen und wieder in Frieden zu leben...."

Mutter blickte sie mit großem Mitgefühl an und rieb ihr sanft die Brust. Sie sagte tröstend: "Tochter denke nicht, daß du mit dieser Tat eine große Sünde begangen hast. Es war das Karma von euch allen dreien, dir und den beiden Kindern, daß ihr durch diese Erfahrung gehen mußtet. Es war den Föten bestimmt, nur so kurz am Leben zu bleiben. Jetzt, wo du Amma begegnet bist, solltest du alles vergessen. Reagiere nicht mehr auf die Vergangenheit. Reagieren hat Gewalt und Aggression zur Folge. Es vermehrt den Tumult im Gemüt und der Gedanke, den du zu vergessen suchst, kommt mit größerer Kraft zurück. Reagieren heißt kämpfen. Die Wunden der Vergangenheit vertiefen sich, wenn sie bekämpft werden. Entspannung und nicht Reaktion ist die Methode, welche die Wunden des Gemüts heilt.

"Das schiere Erkennen deines Vergehens hat dich davon befreit. Dir ist schon vergeben worden. Die bereits erlittenen Qualen genügen vollkommen, um diese Sünde zu tilgen. Jede Sünde wird weggewaschen durch die Tränen der Reue. Tochter, Amma weiß, daß du sehr gelitten hast. Von jetzt an solltest du diese Bürde nicht mehr mit Dir herumtragen. Du hast nun Amma, die für Dich sorgt. Vergiß diesen Vorfall und sei in Frieden."

Mutters Worte waren voll Nektar und ließen die Frau in Schluchzen ausbrechen. Sanft legte Mutter ihren Arm um sie und zog sie zu sich. Die Frau vergrub ihren Kopf in Mutters Schoß und weinte weiter. Mutter streichelte ihren Kopf und sagte zu Gayatri: "Arme Frau! Sie beging diese Handlungen aus Unwissenheit. Sie muß sich damals in schwierigen Verhältnissen befunden haben und zerstörte deswegen das Kind. Ihr schlechtes Gewissen hat sie all die Jahre verfolgt."

Einige Brahmacharis schlichen in einiger Entfernung herum, da es ihnen unmöglich war, sich ganz aus Mutters Nähe zu entfernen. Mutter rief sie zurück und alle kamen und setzten sich vor sie hin. Die Frau ließ ihren Kopf auf Mutters Schoß ruhen, während Mutter sprach und Gayatri weiterhin übersetzte.

Niemand sollte auf ewig bestraft werden

Wie ernst der begangene Fehler auch sein mag, er muß vergeben werden, sobald er erkannt und bereut wird. Natürlich heißt das nicht, daß irgend jemand bewußt einen Fehler begehen und denken kann, er sei von der Strafe befreit, wenn er später bereut. Nein, so ist es nicht. Soweit es uns möglich ist, sollten wir Fehler vermeiden. Als sterbliche menschliche Wesen machen wir Fehler. Das ist unvermeidbar. Manchmal geschehen sie aus Unwissen und oft unter dem Druck unserer Lebensumstände. Um aus Erfahrung lernen zu können, mag eine gewisse Bestrafung nötig sein, je nach der Schwere des Fehlers. Strafe ist dort vonnöten, wo ein Mensch laufend den gleichen Fehler begeht, wieder und wieder. Niemand sollte jedoch auf ewig bestraft werden für ein paar Fehler, die er beging oder begehen wollte. Es gibt Menschen, die ihre Sünden aufrichtig bedauern. Sie erkennen, was sie getan haben und möchten sich ändern. Es sollte ihnen jede Gelegenheit gegeben werden, mit einer veränderten Lebenseinstellung neu anzufangen. Man sollte ihnen vergeben; eine förderliche, liebevolle Umgebung sollte für sie geschaffen werden, damit sie vergessen und die Vergangenheit in Ruhe lassen können. Um ein erfülltes, schöpferisches Leben führen zu können, brauchen sie eure Liebe und euer Mitgefühl. Schenkt ihnen ein Lächeln, das von Herzen kommt und sprecht liebevoll mit ihnen. Eure ermutigenden Worte und euer Lächeln sollten in ihr Herz dringen und ihre Wunden heilen. Wenn ihr sie mit eurer Liebe und eurem Mitgefühl erreichen könnt, wird es ihnen möglich sein, die dunkle Vergangenheit loszulassen. Euer Mitgefühl läßt sie spüren, daß sie geliebt werden. Langsam wird Entspannung eintreten und sie können mit sich selber Frieden schließen. Niemals dürft ihr sie ablehnen oder als Sünder brandmarken; sonst sind nicht nur sie, sondern auch wir Sünder, weil wir den Fehler begehen, unsere wahre Natur zu vergessen, unser Dasein in Gott. Kein anderer Fehler könnte größer sein, und so müßten wir dafür bestraft werden. Aber Gott ist barmherzig, er hat uns vergeben. Amma glaubt nicht, daß Gott irgendeine Seele ewig leiden läßt. Wenn er das täte, wäre er nicht Gott.

Mit der still daliegenden Frau auf ihrem Schoß begann Mutter zu singen 'Amma Yi Jivende...'

O Mutter des Universums
Da ist niemand als Du
Welche die Tränen von meinem Gesicht wischt
Und meine Seele befreit.

Wenn sie deine Füße erreicht
Erkennt diese Seele sich selbst.

Ach, Noch versinkt dies Gemüt in Trauer
Denn es verlor den Weg in der Maya
Bevor es das Ziel erreichte.
Bitte segne mich
Damit ich Dich ewiglich
Mit reiner Hingabe
In enger Umarmung halten kann.

In diesem Meer von Geburt und Tod
Sind deine Lotosfüße Schutz.
Kommst du nicht und
Sprühst deinen Nektar der Liebe
Auf mich Schwelenden?

Dies kleine Kind verbringt jeden Moment
Meditierend auf Deine Form;
Laß mich nicht warten
Nimm mich nahe zu Dir
Verleihe inneren Frieden
Dieser gequälten Seele.

Als Mutter das Lied beendet hatte, richtete sie die Frau sanft auf. Eine schwere Last war von ihr gewichen, ihr Gesicht war klarer und sie lächelte Mutter glücklich an. Mit einem tiefen Seufzer sagte sie: "Ah, Mutter, ich fühle mich jetzt so friedlich. Du hast Licht in die dunkle Kammer meines Herzens gebracht. Ich danke Dir so sehr!"

Mutter erhob sich, umarmte die Frau nochmals und schritt dann zum Ufer der Backwaters.

Kapitel 6

Respekt ohne Liebe verursacht Furcht

Mutter saß, von Brahmacharinis und Haufrauen umringt, hinter der alten Küche. Es wurde Gemüse geschnitten. Weitere Brahmacharinis spürten Mutter dort auf und gesellten sich dazu. Während die Arbeit voranging, bemerkte Mutter, daß eines der Mädchen zuviel von einer Gurke abschälte und sagte: "Tochter, warum hast du soviel weggeschnitten? Verschwende nichts unnötig. Nur jemand, der kein shradda hat, ist verschwenderisch. Jede Handlung, die ein spirituell Suchender ausführt, muß wohl überlegt sein. Wir sollten fähig sein, die innere Stille und Ruhe, die wir durch die Meditation gewinnen, in unsere Tätigkeiten einfließen zu lassen. Tatsächlich hilft uns Meditation, eine tiefere Einsicht in alle Aspekte unseres Handelns zu gewinnen. Wenn diese Tiefe erreicht ist, wirst du nichts mehr unnötig verschwenden. Wenn du zu viel abschälst, entfernst du auch eßbare Anteile unter der Schale. Das bedeutet, daß du allen Ashrambewohnern und den Besuchern den Nutzen davon vorenthältst; und auch anderen, die Hungernden inbegriffen, würde dies wirklich zugute kommen. Ein Mensch, der durch Meditation und andere spirituelle Übungen ein gewisses Maß an innerer Stille und Ruhe gewonnen hat, würde solche Dinge niemals tun."

Mutter legte das Messer weg und machte eine Pause. Es wurde eine Frage gestellt.

"Amma, ich hörte dich einst sagen, daß ein Anhänger für den Meister gleichzeitig Liebe und Respekt fühlen sollte. Du sagtest auch, daß Respekt allein Furcht auslöst. Kannst du das bitte erklären?"

Mutter: "Wo nur Respekt ist aber keine Liebe, muß Furcht die Folge sein. Im Respekt ist ein Anteil Furcht vorhanden. Der Lehrer trägt dem Schüler auf, für den nächsten Schultag ein Gedicht auswendig zu lernen. Der arme Schüler hat überhaupt kein Interesse an Poesie; er zieht Sport und Fernsehen vor. Der Schüler respektiert seinen Lehrer, fühlt aber keine Liebe für ihn. Er hat nun das Gefühl, daß der Lehrer ihm etwas aufzwingt, das er nicht mag. Er wagt es nicht, sich zu widersetzen, denn er hat Angst vor dem Lehrer, vor seinen Eltern und vor der Strafe, die er wegen Ungehorsam auf sich ziehen würde. Deshalb wiederholt er das Gedicht viele Male und lernt es auswendig. Hier handelt es sich nicht um wirkliches Lernen, weil Furcht vorhanden ist. Solches Lernen wird dem Schüler nie helfen, echtes Wissen zu erwerben, denn es geschieht nicht mit dem Herzen. Aus Respekt und Furcht lernt der Schüler wie ein Papagei, ohne die Bedeutung des Gelernten in sich aufzunehmen. Und das Herz ist verschlossen. Furcht verschließt das Herz und es ist auch anzunehmen, daß der Schüler schnell vergißt was er gelernt hat. Nur wenn das Herz offen ist, kann er wirklich lernen. Andernfalls sind Lernprozeß und Tätigkeiten des Schülers rein mechanisch.

"In euren Computer gebt ihr Informationen ein und speichert sie. Wenn ihr die Informationen braucht, könnt ihr jederzeit ein paar Tasten drücken und sie werden vor euch erscheinen. Drückt ihr aber irrtümlich eine falsche Taste, dann ist es geschehen — alle Daten sind verloren, der Bildschirm ist leer. Der Computer kann nur Befehlen gehorchen; er ist nicht intelligent und fühlt nicht, weil er nur eine Maschine ist, die der menschliche Intellekt erfunden hat.

"Ein Mensch wird beinahe zum atmenden, sich bewegenden Computer, wenn er kein liebendes, mitfühlendes Herz hat. Ihr werdet zu einer menschlichen Maschine, wenn Respekt ohne Liebe aber voller Furcht euer Herz verschließt. Falls ihr Lehrern und Eltern nur aus Furcht und Respekt gehorcht, ist es das gleiche wie in einen Computer eingegebene Informationen. Alles kann jederzeit gelöscht werden, denn es wird nichts durch die Liebe festgehalten und getragen.

"Vor einigen Tagen kam eine Familie zu Amma. Sie hatten einen siebenjährigen Sohn. Er saß auf Mutters Schoß und Mutter plauderte mit ihm, um ihn glücklich zu machen und zum Sprechen zu bringen. So stellte sie ihm einige Fragen über seinen Namen, seine Klasse, seine Freunde, seine Lieblings-spiele usw. Bevor er antwortete, blickte der Junge jedesmal auf seinen Vater, als wollte er die Erlaubnis zum Sprechen einholen. Und er beantwortete die Frage erst, nachdem der Vater zugestimmt hatte. Als Amma nach seinem Namen fragte, blickte er sofort zu seinem Vater. Und erst als dieser sagte, 'nenne Amma deinen Namen', wagte der Bub, seinen Namen zu sagen. Er hatte Angst zu sprechen. Ihr könnt dies nicht einmal Respekt nennen — es ist reine Furcht. Wenn ihr einem Kind droht, 'gehorche oder ich werde dich bestrafen', wißt ihr nicht, wieviel Schaden ihr damit anrichtet. Das Kind verschließt sich und kann sich nicht mehr ausdrücken. Sein ganzes Leben lang wird es Furcht mit sich herumtragen. Es mag eine wohlhabende Persönlichkeit werden, sehr gebildet, in wichtiger gesellschaftlicher Stellung, aber die Furcht ist da, tief im Inneren, und sie wird das persönliche Leben zur leibhaftigen Hölle machen.

"Furcht und Respekt einzujagen, um Gehorsam zu erzwingen, kann nicht Disziplinieren genannt werden, obwohl wir es gerne so bezeichnen. Echtes, aufbauendes Disziplinieren geschieht dort, wo Liebe blühen darf. Fehlt die Liebe, wird jede Art von Ehrfurcht oder Respekt auf Angst gegründet sein. Eine liebevolle Beziehung hingegen öffnet die Herzen und macht es möglich, daß ihr euch voll in der euch gemäßen Art ausdrücken könnt. Liebe bringt euch näher zusammen und in solcher Nähe fehlt es überhaupt nicht an Disziplin. Aus dieser Liebe, die aus richtigem Verständnis gewachsen ist, wird sich ein natürlicher, aufrichtiger Respekt entwickeln. Mit anderen Worten, wo eine tragfähige Liebe zwischen Lehrer und Schüler oder Eltern und Kind besteht, geschieht das Disziplinieren leicht und ohne die Gefühle des Kindes zu verletzen. Diese liebevolle Nähe, die Begegnung der Herzen, ist lebenswichtig. Sie entwickelt sich durch Geduld und Vergebung.

"Kinder, ihr mögt von der Guru-Schüler-Beziehung gehört haben, die vor langen Zeiten existierte. Schüler aus den verschiedensten Kasten und Elternhäusern gingen in die gurukulas, um dort zu lernen und zu leben. Die Schulung dauerte mindestens zwölf Jahre. Das System war damals völlig anders, überhaupt nicht wie in den modernen Schulen und Hochschulen. Heutzutage kann niemand studieren, ohne Notizen zu machen und stundenlang in Fachbücher zu starren. Während des Unterrichts blicken die Schüler kaum ins Gesicht des Lehrers; sie schreiben entweder mit oder schauen abwesend aus dem Fenster. Sie blicken den Lehrer nicht an, weil sie sein Gesicht nicht mögen. Sie sind ärgerlich über ihn. Äußerlich mögen sie sich respektvoll verhalten, tief innen aber empfinden sie Ärger. Respekt ohne Liebe entsteht gewöhnlich aus Furcht, und diese wiederum kann in Zorn oder sogar in Haß ausarten.

"Die meisten Kinder fühlen ihren Vätern und Lehrern gegenüber Ärger, denn sie werden von ihnen kontrolliert. Sie fühlen, daß die Erwachsenen versuchen, ihnen ihre eigenen Ideen aufzuzwingen. Solange ein Jugendlicher von Vater und Lehrer abhängig ist, hat er keine Möglichkeit, seinen Zorn auszudrücken. Einige Kinder werden natürlich explodieren und Schwierigkeiten machen. Die Mehrheit aber fügt sich während dieser Phase der Abhängigkeit. Instinktiv sind sie um ihre eigene Sicherheit besorgt. Ist die Abhängigkeit jedoch vorbei, brechen sie aus und beginnen, ihre Gefühle abzureagieren. Die Kinder oder Studenten unterdrücken den Zorn und schieben ihn weg ins Unbewußte. Während der Abhängigkeitsphase maskieren sie den Zorn und täuschen Liebe und Respekt vor, weil sie die Väter und die Lehrer brauchen; sie benötigen die materielle Unterstützung und die Ausbildung dieser Autoritätspersonen. Nachher aber kann der Zorn nicht länger unterdrückt werden und so kommt er ans Tageslicht. Gedanken wie, 'Er hat mich überwacht, er hat nicht getan, was ich wollte, er hat mich bestraft und mich vor anderen beleidigt', können sich als Zorn, ja sogar als Haß manifestieren. Dann will der junge Erwachsene sich rächen. Sein ganzer Respekt verschwindet, denn er war nie echt; er wurzelte nicht in der Liebe. Nun enthüllt sich sein wahres Gesicht, welches hinter der respektvollen Maske versteckt war, das Gesicht des Zorns. Solches geschieht in allen Abhängigkeitsverhältnissen, wenn Liebe und Verständnis fehlen. Es ist nur eine Frage der Zeit. Der Zorn glimmt inwendig, bis eine Situation entsteht, die ihn zum Aufflackern bringt. Bis es soweit ist, trägt jedes Individuum, das an irgendeiner Art von Beziehung beteiligt ist, einen versteckten Vulkan mit sich herum, es sei denn, es kann durch angemessene Liebe und durch Verständnis eine gute Einstellung gewinnen. Hundert-tausende von Menschen machen diese Erfahrung. Amma kann euch versichern, daß dem so ist, denn sie hat in der ganzen Welt persönlichen Kontakt mit Millionen von Menschen in allen Lebenslagen. Natürlich gibt es Ausnahmen; es gibt Menschen, die ein glückliches, ausgeglichenes Leben führen. Aber die Mehrheit fällt in die zuerst beschriebene Kategorie."

Mutter hielt für eine Weile ein und bat die Brahmacharis, ein Lied anzustimmen. Sie sangen 'Amritanandamayi Janani....'

Mutter Amritanandamayi
Du bist die Verkörperung von Gnade,
Mitgefühl, Weisheit und Glückseligkeit

Du beseitigst alle Hindernisse
Die Mutter von Vinayaka Ganesha
O Mutter
Du bist die Verkörperung von Heiligkeit
Und von Wissen
Du schenkst den Intellekt
Die Veden sind Deine Form
Du bist Bewußtsein und das Reine Selbst
O Mutter Amritanandamayi.

Amritanandamayi,
Du bis Saraswati,
Die Göttin des Wissens
Mit dem Buch und der Vina
In Deinen Händen;
Du bist Brahman
Du bist Mahalakshmi, die Göttin der Fülle,
Parvati, die Göttin der Macht
Sankari, die Auserwählte
Und Adi Parashakti, die Uranfängliche Kraft

Du bist Vishnumayi
Die dynamische Kraft des Erhalters,
Und Shiva-Shakti
Das Aktive und das Passive;
Mutter des Universums
Bitte beschütze uns!
Offenbare Dich uns in Krishna- und Devi Bhava
O Amritananadamayi.....

Mutters Augen waren geschlossen. Die Brahmachari(ni)s saßen schweigend um Mutter herum. Sie blickten unverwandt auf Mutter und versuchten, die tiefe Bedeutung des Liedes, das sie eben gesungen hatten, in sich aufzunehmen. Nach einigen Minuten öffnete Mutter die Augen und lächelte ihre Kinder an. Einer der Brahmacharis sagte: "Amma, bitte erkläre uns die Guru-Schüler-Beziehung, die in den alten gurukulas bestanden hatte, noch etwas genauer."

Die Guru-Schülerbeziehung in den alten Gurukulas

Mutter: "In den gurukulas der alten *rishis*, wo die Schüler beim Meister lebten, ihm dienten und studierten, gab es so etwas wie ständiges Notizenschreiben oder mit dem Kopf über Schulbüchern in einem Klassenzimmer zusammengepfercht sitzen überhaupt nicht. Die Schüler saßen einfach vor dem Meister und blickten ihn aufmerksam an, wenn er sprach. Das war alles. Es gab keine Notizen oder Textbücher. Was immer der Meister sagte, ging direkt in die Herzen der Schüler. Dies war möglich, weil zwischen Meister und Schüler allmählich eine tiefe Verbindung gewachsen war. Die Erziehung durch den Meister geschah nicht unweise auf zwanghafte und kontrollierende Art; im Gegenteil, es handelte sich um eine Beziehung, die sich durch echte Liebe und Verständnis entwickelte. Der Meister kümmerte sich wirklich um das Wohl seiner Schüler und diese wiederum zeigten ihre Liebe und ihren Respekt, indem sie sich Mühe gaben. Es handelte sich nicht um Respekt aus Furcht, sondern aus tiefer Liebe.

"Der Meister öffnete das Tor seines Herzens für seine Schüler. Sie waren ihm willkommen und er nahm sie ohne Einschränkung aus vollem Herzen an. Die Offenheit und Selbstlosigkeit des Meisters führte dazu, daß die Schüler in seiner Gegenwart aufnahmebereit und demütig waren. Auch der Meister war sehr demütig, obwohl er einen immensen Wissensschatz hatte. Er gab nicht zu verstehen, 'ich bin der Meister und ihr seid meine Schüler, deshalb tut besser was ich sage, sonst werde ich euch bestrafen.' Den Schülern war die Möglichkeit gegeben, dem Meister jegliche Frage zu stellen, wenn sie ihre Zweifel klären wollten. Weil der Meister die Verkörperung des Wissens war, konnte er ihre Zweifel durch Theorie und Praxis zerstreuen. Im modernen Unterrichtsraum zögern die Studenten, etwas zu fragen, auch wenn sie Fragen und Zweifel haben, denn es fehlt an Liebe und Nähe zwischen ihnen und ihren Lehrern. Weder die Lehrer noch die Schüler sind offen oder wissensdurstig genug, um irgendwelche echten Kenntnisse zu vermitteln oder zu empfangen. Beide, Lehrer und Schüler, neigen zu Arroganz. Die Lehrer halten es für schwierig, die Zweifel der Schüler zu klären, weil sie selber als Studenten nie echtes Wissen in sich aufgenommen haben. Schon ihre eigene Beziehung zu den Lehrern war ähnlich mangelhaft gewesen.

"In der alten gurukula betete der Lehrer mit den Schülern: "Möge Brahman uns beschützen, möge er beide, dich und mich, nähren, mögen beide, du und ich, die Energie erhalten, die wir brauchen, möge dieses Studium uns beiden Klarheit verschaffen und mögen wir uns nie gegenseitig hassen. Om shanti, shanti, shanti." Das Gebet war beiden bestimmt, dem Lehrer und dem Schüler, und segnete die Förderung und das Verständnis von beiden. Nicht, daß der Meister etwas vom Schüler gebraucht hätte — es war nur ein großartiges Beispiel seiner Demut.

"Der Meister befand sich immerzu im inneren Gebet. Wißt, Kinder, ein Mensch, der dauernd im Zustand des Gebets ist, kann nicht selbstsüchtig sein. Er bleibt in allen Situationen demütig. In jenen vergangenen Tagen machten die Tugenden der Demut, Liebe und Geduld das Leben der Menschen so schön und vollendet. Obwohl der Meister voll erleuchtet und allwissend war, blieb er seinen Schülern gegenüber doch demütig.

"Niemand kann im Angesicht einer wirklich demütigen Seele egoistisch sein. Deshalb wurden die Schüler, welche bei einem solchen Meister lernen wollten, in seiner Gegenwart demütig und folgsam, obwohl sie nicht frei vom Ego waren. Damals kamen Kronprinzen, Kinder von Adeligen und Studenten aus allen Gesellschaftsschichten in die gurukula eines Meisters. Für den Meister waren sie alle gleich. Sie lebten zusammen, aßen und schliefen in gemeinsamen Räumen und erhielten denselben Unterricht. Sie mußten körperlich arbeiten, zum Beispiel die Kühe des Meisters betreuen, im Wald Brennholz sammeln, die Felder bestellen usw. Trotz alledem bestand eine immense Liebe zwischen dem Meister und seinen Schülern; da war keine Spur von Zorn oder Ärger.

"Wo soviel Liebe waltet, ist das Herz weit offen, so offen wie bei kleinen Kindern. Diese aus Liebe stammende Offenheit half den Schülern zu lernen, indem sie einfach an den Lippen des Meisters hingen und lauschten. Niemals brauchten sie Notizen zu machen oder ein Schulbuch zu lesen. Auch mußten sie ein Gedicht oder einen Aufsatz nicht hundertmal wiederholen, um sie auswendig aufsagen zu können. Sie hörten dem Meister einmal zu und das genügte. Bis ans Lebensende erinnerten sie sich daran. Sie vergaßen nie, was sie lernten, während sie ins Gesicht des geliebten Meisters blickten. Wirkliches Zuhören geschieht nur, wenn Liebe vorhanden ist.

"Wenn der Meister sprach, so sprach die Liebe; und beim Gegenüber wurde das Gesprochene durch nichts anderes aufgenommen als durch Liebe. Wegen der Liebe für ihren Meister waren die Herzen der Schüler wie ein fruchtbares Feld, bereit, das vom Lehrer vermittelte Wissen aufzunehmen. Liebe gab und Liebe empfing. Liebe öffnete sie füreinander. Wahres Geben und Nehmen geschieht, wo Liebe gegenwärtig ist. Wirkliches Lauschen und Sorgfalt sind nur dort möglich, wo Liebe ist, andernfalls ist der Zuhörer verschlossen. Wenn ihr verschlossen seid, können Zorn und Ärger euch leicht beherrschen und nichts kann in euch eindringen.

Das moderne Erziehungssystem und der uralte Weg eines wahren Meisters

Frage: "Was ist am modernen Erziehungssystem problematisch?"

Mutter: "Beim modernen Erziehungssystem fehlt diese Offenheit. Beide, Lehrer und Schüler, verschließen sich voreinander. Es fehlt an Liebe und Gemeinsamkeit zwischen ihnen, und so bleibt nur Ärger. Die Lehrer sind nicht demütig, und viele sind überheblich. Sie wollen die Schüler beherrschen und ihnen ihre eigenen Ideen aufzwingen. Hören die Schüler nicht zu, dann werden die Lehrer böse und wollen sie bestrafen. Es ist die unkluge Art mit den Schülern umzugehen, die den Lehrern in den modernen Schulen jede Möglichkeit nimmt, eine liebevolle Beziehung zu den Schülern aufzubauen und ihnen damit zu helfen, in die Tiefen des wahren Wissens einzudringen. Einer der wichtigsten Gründe für diese Entartung des Erziehungssystems liegt darin, daß ein liebevolles Band fehlt, eine positive Beziehung, die Lehrer und Schüler einander näher bringen würde. Nur wenn beide Seiten echte Liebe füreinander empfinden und sich akzeptieren, kann Verständnis entstehen, was wiederum die Tore öffnet und den natürlichen Austausch ermöglicht.

"Aber es liegen Welten zwischen ihnen, und diese innere Entfernung macht echtes Lernen unmöglich. Ihre Egos schaffen einen Abgrund. Der Lehrer spricht nicht mit Liebe, sondern mit dem stolzen Gefühl: "Ich bin der Lehrer und du bist mein Schüler. Ich weiß alles und du weißt nichts, deshalb hörst du mir besser zu, andernfalls...." Der Schüler spürt diesen Stolz. Er ist ebenfalls stolz, und wenn er den Stolz bei seinem Lehrer wahrnimmt, denkt er: "Warum sollte ich diesem Kerl zuhören?

91

Fällt mir nicht ein!" Sein Herz verschließt sich, und nun ist eine dicke Mauer zwischen ihnen. Der Lehrer fährt fort zu sprechen, aber nichts davon erreicht den Schüler. Zwar sind sie körperlich im Klassenzimmer anwesend, der Lehrer steht wenige Meter vor dem Schüler, aber in Wirklichkeit sind sie sehr weit voneinander entfernt, weil beide nicht offen sind. Wenn mit verschlossenem Herzen gesprochen wird, kann nichts auf das Gegenüber einwirken, das Wissen hallt nur im Redner wieder. Ein verschlossenes Herz spricht und ein verschlossenes Herz hört zu. Mit anderen Worten: Es geschieht keine echte Wissensvermittlung.

"Im modernen Zeitalter sehnt sich jedermann danach, etwas zu gelten, denn Geltung ist Nahrung für das Ego. Das Ego lebt geradezu davon, beachtet zu werden. Beide, der Lehrer und der Schüler, verlangen nach Beachtung, und wenn sie nicht geschenkt wird, füllen sich ihre Gemüter mit Zorn und Rachsucht. Es kann sogar vorkommen, daß Schüler und Lehrer sich ernstlich verletzen.

"Die heutzutage bestehende Lehrer-Schüler-Beziehung kann keinen Persönlichkeitswandel bewirken und niemandem helfen zu wachsen. Kein echtes Wissen wird den Schüler bilden, sondern es werden bei Lehrer und Schüler nur negative Gefühle ausgelöst. Solches Geschehen schafft ernste Verletzungen, die nicht heilen. Das ganze Leben wird zu einer Wunde, voll von dem Eiter der intensiven, negativen Gefühle.

"Es gab eine Zeit, als der Meister seine Schüler allein durch seine Anwesenheit wandelte oder richtiger gesagt, daß die Wandlung bei den Schülern einfach geschah. Solchermaßen war die Macht der Gegenwart des Meisters.

"Diese formende Kraft wirkte, weil die Schüler spürten, daß der Meister mit Liebe und Mitgefühl bei ihnen war. Wo ein Herz voller Liebe und Mitgefühl sich hergibt, wird sich das eigene Herz spontan wie eine Blume öffnen. Die verschlossene Knospe des

Herzens blüht in der Gegenwart von Liebe auf. Der Meister gibt nicht unbedingt Unterweisung, er braucht nicht mit Worten zu unterrichten — das Öffnen geschieht so natürlich, wie sich die Blütenblätter öffnen. Dies geschieht von selbst in der Gegenwart eines echten Meisters.

"Eine Blume braucht keine Anleitung, wie sie blühen soll. Kein Musiklehrer hat die Nachtigall das Singen gelehrt. Es ist spontan. Keine Anstrengung ist notwendig, es geschieht ganz natürlich. Genauso öffnet sich die verschlossene Knospe eures Herzens in der Gegenwart eines wahren Meisters. Ihr werdet so aufnahmefähig und unschuldig wie ein Kind, ein demütiges und gehorsames Kind des Meisters. Er unterrichtet euch nicht, ihr lernt alles ohne Belehrung. Seine Gegenwart und sein Leben sind die größte Lehre. Kein Zwang und keine Gewalt sind vonnöten; alles geschieht von selbst und ohne Anstrengung. Nur Liebe kann dieses Wunder bewirken.

"Im modernen Schulsystem wird den Schülern durch das übermäßige Wiederholen und Auswendiglernen der Lektionen zuviel Energie entzogen. Lernen ist ein energieverschleißender Vorgang geworden. Ständig sind die Schüler unter Druck; dazu kommt häufig die Belastung durch die Eltern, vor allem in Examenszeiten.

"Amma sagt, daß nichts erreicht werden kann — sei das Ziel nun spiritueller oder materieller Art — wenn von allen Seiten zu viel Druck kommt.

"Das moderne Schulsystem lastet wie ein schwerer, überfüllter Sack auf den Schultern des Schülers. Sehr oft verschlimmern die Eltern diese Situation noch, indem sie den Kindern unaufhörlich ihr einziges Mantra wiederholen: "Du mußt deine Lektionen lernen, erledige deine Hausaufgaben und mach nichts anderes als studieren". Während Prüfungszeiten stehen die Schüler unter großem Druck und sind alles andere als entspannt.

"Lehrt sie deshalb die Kunst der Entspannung; lehrt sie, wie sie gelassen sein können. Wie können sie Wissen aufnehmen, wenn sie verkrampft sind? Ohne Entspannung ist kein richtiges Lernen möglich. Das ist die allererste Lektion, die man begreifen sollte. Es ist wichtig, daß Eltern dies verstehen, bevor sie von ihren Kindern etwas fordern. Amma schlägt vor, daß sie in ihren eigenen Leben Entspannung praktizieren, damit sie durch Erfahrung mit sich selbst erkennen, wie notwendig ihre Kinder sie brauchen. Spirituelle Praktiken wie Meditation, Wiederholung eines Mantras und das Singen von bhajans sind verschiedene Methoden, die entspannend auf das Gemüt wirken, so daß ihr jederzeit offen sein könnt wie frisch blühende Blumen.

"Eltern ahnen nicht, welch großen Schaden sie den Kindern zufügen, wenn sie diese immerzu antreiben: "Studiere, studiere, studiere!" Falls sie auch Nachhilfestunden für jedes Fach organisieren, so müssen die armen Buben und Mädchen zusätzlich noch an den Wochenenden und in den Ferien von einem Lehrer zum anderen eilen, was ihre ganze Energie verzehrt und Streß erzeugt. Wenn das Kind nach einem Schultag abends nach Hause zurückkehrt, ist es bleich und erschöpft; es kann nicht einmal ruhig sein Essen genießen. Das Ergebnis ist, daß ein Jugendlicher an nichts anderes mehr denken kann als an seine Studien. Er liest und liest, wiederholt endlos und lernt alles auswendig, als ob er Informationen in einen Computer eingeben würde. So fährt er fort zu speichern, überlädt sich und stopft sich mit mehr Fakten voll als er jemals aufnehmen kann.

"Er oder sie kann Rekordnoten erzielen und mit Auszeichnung abschließen, aber am Ende ihrer Ausbildung wird er oder sie beinahe wie eine Maschine sein. Es ist ihnen fortan unmöglich, das Pulsieren, die Schönheit und die Liebe im Leben zu empfinden und jede echte Weisheit wird ihnen abgehen. Nichts Spielerisches und kein Lächeln wird es in ihrem Leben geben. Als

Erwachsene können sie dem Partner kein Lächeln schenken und es gelingt ihnen nicht, mit ihren eigenen Kindern unbesorgt zu spielen. Sie mögen sehr bekannt sein und eine Kapazität in ihrem Fach, aber sie werden nie erfolgreiche menschliche Wesen sein. Der Glanz der Lebendigkeit wird bei solchen Persönlichkeiten fehlen. Zuhause werden sie immer zugeknöpft und ernst sein. Extreme Ernsthaftigkeit, ob sie verlangt wird oder nicht, gleicht einer Krankheit.

"Wenn solche Menschen altern, nützen sich auch ihre Fähigkeiten ab, weil sie ihre Kenntnisse durch unintelligente Methoden hatten erwerben müssen. Ihr Wissen sammelten sie in einer intensiven Studienzeit, während derer sie sich nie wohl und entspannt gefühlt hatten. Sie hatten keinen weisen Gebrauch von ihren inneren Fähigkeiten gemacht und ihrem Gemüt keine Ruhepausen gegönnt. Letzteres wurde überbeansprucht und überhitzt. Laufend wurde es aufgeladen, nie abggeschaltet oder eine Weile ruhen gelassen, damit es entspannen und abkühlen konnte. Sie pflegten ihre seelische Ausrüstung nie und jetzt sind sie ausgebrannt."

Mutters dynamische Worte trugen den Duft ihrer göttlichen Gegenwart in die Herzen der Zuhörer. Sie begann '*Devi Jaganmata...*' zu singen:

Heil der Göttin, der Mutter der Welt,
Der Göttin der Höchsten Energie!
O ewige Jungfrau,
Die Buße tut am Strand
Von Kanyakumari am blauen Meer,
Komm, gewähre mir eine Gunst!

O Mutter, deren wahre Natur das Licht ist
Und deren auserlesene Gestalt
Sich formt aus Weisheit, Wahrheit,

Energie und Glückseligkeit!
OM
Heil der Mutter des Universums!

Die Kunst der Entspannung

Das Gespräch ging weiter.

Frage: "Amma, du hast über Entspannung gesprochen. Könntest du dies bitte noch weiter ausführen?"

Mutter: "Wissen kann nur durch entspanntes Lernen erworben und behalten werden. Studium, das unter Streß und Belastung geschieht, ohne entspannte Ruhemomente für Körper, Gemüt oder Intellekt, kann nicht erfolgreich sein. Tatsächlich ist es die Entspannung, welche eine klare Sichtweise und die Energie gibt, wahres Wissen zu lernen und zu behalten. Wissen, das in solcher Weise gesammelt wird, bleibt immer frisch, unabhängig vom Alter. Alles, was wir unter angespannten, anstrengenden Umständen mechanisch und ohne Entspannung studieren, wird nichts beitragen zu unserer umfassenden Persönlichkeitsentwicklung. Nur wer mit friedvollem Gemüt gelernt hat, kann sein angesammeltes Wissen wirklich in die Praxis umsetzen und ein Meister in seinem Fach werden. Die anderen werden nur das Gewicht ihrer Kenntnisse im Kopf haben. Sie tragen eine Last von Informationen mit sich herum und denken, daß dies ihre Persönlichkeit aufwerte, während eigentlich genau das Gegenteil der Fall ist. Ihre Persönlichkeit wird zu einem gewissen Grad entstellt.

"Es gibt Hunderttausende von Menschen in der ganzen Welt, welche die verschiedenen Wissenschaften und andere Fachgebiete studieren. Träger von Doktortiteln schießen überall wie Pilze aus dem Boden. Auf der Weltkugel gibt es auch Millionen von Ingenieuren und Ärzten. Wie viele von ihnen bringen mit ihrem

Wissen und ihren Studien der Welt wirklich Gutes? Wie viele von ihnen werden wahrhaftig groß in ihrem Gebiet? Nur einige wenige. Unzählige Menschen studieren Malerei oder Musik, aber wie viele davon werden Kunstmaler oder Musiker mit der Gabe, die Seelen zu bewegen? Nur eine Handvoll. Viele Menschen haben in derselben Universität und bei den gleichen Professoren studiert, und ihre Lebensumstände mögen identisch gewesen sein. Wie kommt es da, daß nur wenige zu echten, berühmten Meistern werden?

"Der Grund ist, daß nur wenige von ihnen die Kunst der Entspannung gelernt haben. Nur einige waren während des Studiums wirklich empfänglich und offen. Der Rest wurde einfach mit Information vollgestopft. Sie wollten höchste Benotung, eine angesehene Stellung mit guter Bezahlung, ein hübsches Haus, eine Frau und Kinder — und das war es, das Ende ihrer Studien. Genau an der Stelle stoppten sie und begannen, sich wegen anderer Dinge zu sorgen. Solche Menschen können nie aufhören sich zu sorgen und sind nie gelassen. Sie werden sich immer unter viel Druck fühlen und gestreßt sein, denn sie haben nie die Kunst der Entspannung gelernt.

"Ein Mensch jedoch, der sich zu entspannen weiß, wird fortwährend weiterlernen. Sein Wissensdurst wird ihm das ganze Leben lang bleiben. Er ist nicht verspannt; er fühlt sich gelöst und wird weiterhin Wissen erwerben, welches er auch in die Tat umsetzt. Er befaßt sich nicht nur mit dem Weltraum; er erfindet neue Methoden, Techniken und Ausrüstungen, mit denen er das Thema erforschen kann. Er beschränkt sich nicht darauf, über die Welt unter der Meeresoberfläche zu lernen, sondern er taucht tief ins Wasser, um selbst zu entdecken, was es dort gibt. Seine Wißbegierde erschöpft sich nie. Und obwohl sein Hunger nach Lernen und Wissen unersättlich ist, bleibt er entspannt. In dieser Gelöstheit fließen ihm Kraft und Vitalität zu, so daß er mehr

Wissen aufnehmen und mit seinen Experimenten in die Praxis umsetzen kann. Solche Menschen können tief ins eigene Selbst vordringen, an die Quelle allen Wissens, wenn sie Glauben und Entschlossenheit besitzen. Dies wird ihnen schließlich helfen, ihre wahre Existenz im Selbst zu erkennen.

"Es gibt Dichter, Maler, Musiker und Wissenschaftler, die viel Zeit in der Einsamkeit verbringen, um nachzudenken und sich zu entspannen. Sie ziehen sich aus der lärmenden Welt in die Abgeschiedenheit zurück, und während sie dort völlig entspannt sitzen, lenken sie die Aufmerksamkeit vom Gemüt und den Gedanken weg. Manchmal werden sie in einen tiefen Zustand der Trance gleiten, und wenn sie daraus zurückkehren, kann ihnen ein Meisterwerk gelingen. Dies geschah schon oft — aber wie kann es dazu kommen? Es fließt aus der großen Stille, die sie während solcher Erfahrungen in sich fühlen. Wenn das Gemüt von Gedanken leer ist, wenn weder Störungen noch Aufregungen irgendwelcher Art dazwischenkommen, dann kann ein Erwachen stattfinden und die schlafenden Talente, die unendlichen Fähigkeiten des Gemütes offenbaren sich. Enthüllungen geschehen, während man die unbekannten Bereiche des reinen, göttlichen Wissens anzapft. Dies ist die Größe der inneren Entspannung.

"Deshalb, Kinder, ist Entspannung der beste Weg, wenn ihr eure Lektionen gut lernen wollt. Euer Intellekt wird klar bleiben, eure Erinnerungsfähigkeit wird gewaltig zunehmen und eure Energie wird sich nicht erschöpfen, weil ihr eine Lektion hundertmal wiederholen müßt, bis ihr sie auswendig könnt. Wenn ihr tief entspannt seid, braucht ihr die Lektion nur einmal durchzulesen und ihr werdet sie für immer wissen.

"Habt ihr noch Großeltern erlebt, die den vollen Text einer heiligen Schrift oder einen langen Sanskrithymnus rezitieren konnten, ohne ein einziges Mal ins Buch zu schauen? Sie müssen das gelernt haben, als sie jung waren, vielleicht bei den Eltern oder beim Zuhören, wenn die Texte rezitiert wurden. Noch im Alter, sogar wenn sie neunzig Jahre alt sind, können sie fehlerlos und vollkommen genau aufsagen. Welches Gedächtnis ist da vorhanden!

"Vor einigen Jahren begegnete Amma bei einem Hausbesuch der Großmutter der Familie. Sie war neunzig Jahre alt, mager wie ein Skelett und völlig bettlägerig. Ihr Leben war am Verlöschen, aber sie konnte noch sprechen. Als Amma sich auf den Bettrand setzte, rief die Tochter: "Mutter, mach die Augen auf. Schau, wer neben dir sitzt! Es ist Amma!" Die alte Dame öffnete langsam die Augen. Mit einem strahlenden Lächeln schaute sie zu Amma auf. Als sie lange unverwandt auf Amma blickte, sagte die Tochter: "Mutter, sage das '*Narayaneeyam*' für Amma auf. Bevor die Tochter den Satz beenden konnte, begann die Mutter, die Sanskrit *slokas* fließend und absolut klar zu singen. Lange Zeit rezitierte sie ohne ein Zeichen von Ermüdung, bis die Tochter sie schließlich unterbrechen mußte.

"Kinder, betrachtet Acchamma *(Ammas Großmutter väterlicherseits)*. Sie ist bald achtzig und doch steht sie morgens um vier Uhr auf, duscht mit kaltem Wasser, spricht ihre üblichen Gebete; und jeden Tag ohne Ausnahme knüpft sie eine Blumengirlande, die Amma während des Devi Bhava tragen soll.

"In früheren Zeiten waren die Menschen viel entspannter als heute. Da war keine Eile. Es war ihnen immer möglich, etwas freie Zeit zu finden, damit sie in friedvoller, gelöster Stimmung die heiligen Schriften lesen oder Verse aus den großen Epen rezitieren oder Loblieder für Gott singen konnten.

"Jeden Morgen und jeden Abend versammelte sich die ganze Familie beim Hausaltar, um zusammen zu beten und die Namen des Höchsten zu singen. Solche Momente der Entspannung, die sie mitten im aktiven Alltag fanden, halfen ihnen, die Arbeit in der Welt draußen in ausgeglichenem Gemütszustand zu vollbringen.

"Seht das erwähnte Beispiel der alten Dame, die sogar auf dem Totenbett slokas aus dem *'Narayaneeyam'* aufsagen konnte. Wie war ihr das möglich? Weil es nicht in sie eingegeben worden war, wie man einen Computer speichert. Sie nahm es wie ein intelligentes, menschliches Wesen in einer gelösten, spannungslosen Stimmung auf und sie liebte es. Was immer ihr in entspannter Verfassung studiert, wird bis zum Tod frisch in eurem Gedächtnis bleiben; während alles bald vergessen geht, was ihr unter Anspannung und Druck gelernt habt. In Wirklichkeit könnt ihr nichts lernen ohne Entspannung — es kann gar nicht in euch hineingelangen. Es bleibt an der Oberfläche und kann nicht anders als in Vergessenheit geraten. Es ist wie bei kurzlebigen Meereswogen, die kommen und gehen. Jegliches Wissen, das in nicht entspanntem Gemütszustand aufgenommen wurde, wird sich nicht einwurzeln, sondern sich ändern und verzerren. Das Gemüt kann euch folglich nur mit unklaren Bildern versehen.

"Kinder, lernt, unter allen Umständen entspannt zu sein. Was immer ihr tut, wo immer ihr euch befindet, entspannt euch und ihr werden erleben, wie machtvoll das ist. Die Kunst der Entspannung bringt die Kraft an den Tag, die in euch ruht. Durch Entspannung könnt ihr eure unendlichen Fähigkeiten erfahren. Es ist die Kunst, das Gemüt ruhigzustellen und die ganze Energie auf die Arbeit zu richten, die ihr gerade tut, was immer es sei. Auf diese Weise könnt ihr euer ganzes Potential einsetzen. Habt ihr diese Kunst einmal im Griff, wird alles spontan und anstrengungslos geschehen. Zum Beispiel wollt ihr eine Rede oder ein Gedicht auswendig lernen; ihr setzt euch hin, entspannt euch und laßt alles los, was gerade in eurem Gemüt ist. Dann geht gerade einmal durch den Stoff — nicht hundertmal und ohne Essen und Schlafen — und ihr schafft es, ein für allemal. Es bleibt euch für immer. Im menschlichen Gemüt sind unendliche Fähigkeiten versteckt. Es kann das ganze Universum mit dem gesamten Wissen beherbergen. Aber wir haben die Kunst nicht gelernt, diese unbegrenzte Kraft des Gemütes anzuzapfen."

Mutter hielt inne. Eine Devotee fühlte sich angeregt, einige Verse der *Uddhava Gita*[9] zu singen.

Sie sang melodiös in der klassischen Weise.

Herr, wir verbeugen uns mit Verstand, Organen, Lebenskräften, Gemüt und Sprache vor Deinen Lotusfüßen, auf welche diejenigen, welche Befreiung von den Fängen der Taten suchen, inbrünstig in ihren Herzen meditieren.

O Du Unbesiegbarer, Du schaffst, erhältst und zerstörst Dich in diesem undenkbaren Universum durch Deine Maya, die aus den drei Gunas besteht in denen Du ruhst; aber diese Tätigkeiten berühren Dich nicht, denn Du bist unanfechtbar, eingetaucht in die unbehinderte Glückseligkeit des Selbst.

O Du Verehrungswürdiger! O Allerhöchster! Geistige Verehrung, Studium der Schriften, Wohltätigkeit, Enthaltsamkeit und Arbeit verleihen Menschen mit ungestilltem Verlangen nicht diese Reinheit wie Menschen mit ausgeglichenem Gemüt sie erwirken, weil sie eine höhere, wahre Sicht für Deine Herrlichkeit erlangten, indem sie von ihr hörten.

Als sie geendet hatte, blickte Mutter sie zärtlich an und sagte: "Tochter, du hast sehr schön rezitiert." Die Frau war erfreut und glücklich. Sie antwortete: "Das ist deine Gnade, Amma."

Der Strom von Ammas nektargleichen Worten floß weiter.

---

[9]   Ein Kapitel aus dem Srimad Bhagavatam. Es ist ein Gespräch zwischen Lord Krishna und seinem großen Devotee, Uddhava.

"Kinder, habt ihr diese Geschichte gehört? Vor langer Zeit wurde Indien von einem Kaiser erobert. Er hatte auch die Absicht, alle vier Veden in ihrer reinen, ursprünglichen Fassung in sein Land zurückzubringen. Er entsandte Boten in alle Himmelsrichtungen, die herausfinden sollten, wo die echte Fassung der Veden zu bekommen war. Schließlich erhielt er die Auskunft, daß eine Brahmanenfamilie in Nordinidien eine solche Kopie aufbewahre. Sofort setzte er sich mit einem Bataillon Soldaten in dieser Richtung in Bewegung.

"Das Haupt jener Brahmanenfamilie war ein armer Mann, der mit Frau und vier Söhnen in einer kleinen Hütte am Ufer des Ganges wohnte. Der Kaiser ließ die Hütte umzingeln, betrat die Behausung und forderte den Brahmanen auf, ihm die Veden auszuhändigen. Der Brahmane blieb ruhig. Er antwortete: "Eure Hoheit, es ist überhaupt nicht nötig, soviel Umstände zu machen. Ich werde sie Ihnen sehr gerne übergeben! Bitte geben sie mir einen Tag — nur einen Tag. Ich bin verpflichtet, eine besondere Zeremonie durchzuführen, bevor ich sie Ihnen mitgeben kann." Als er den mißtrauischen Blick des Kaisers bemerkte, fuhr er fort: "Sorgen Sie sich nicht, lassen Sie Ihre Armee hier, wenn Sie es wünschen. Sie soll mich überwachen. Ich werde nicht davonlaufen. Bitte, haben Sie die Güte, morgen in der Frühe wiederzukommen, denn ich muß dieses Ritual machen, bevor ich die Veden in Ihre Hände geben kann."

Nachdem er seinen Truppen die nötigen Befehle gegeben hatte, verließ der Kaiser die Hütte. Aber was geschah, als er am nächsten Morgen zurückkehrte? Er mußte mitansehen, wie der Brahmane das letzte Blatt des vierten Veda in ein heiliges Opferfeuer legte und dazu laut die Mantren jener Seite rezitierte. Die vier Söhne saßen an den vier Seiten der quadratischen Feuerstelle. Der Kaiser war wütend. Er schrie den Brahmanen an: "Du hast mich betrogen! Das kostet Dich den Kopf!" Der Brahmane erwiderte ruhig: "Ihre Hoheit, es gibt keinen Grund zu Zorn. Bitte, betrachten Sie meine vier Söhne. Sie saßen die ganze Nacht bei mir, als ich, eine um die andere, alle vier Veden rezitierte. Wie Sie gesehen haben, beendete ich soeben den vierten und letzten Veda. Denken Sie nicht, ich hätte Sie betrogen, indem ich die Schriften zerstörte, oder daß ich mein Versprechen brach. Glauben Sie mir, meine Söhne haben alle vier Veden auswendig gelernt, Wort für Wort. Sie haben mir zugehört. Sie können die vollständige Schrift wiederholen ohne ein einziges Wort auszulassen. Nehmen Sie meine Söhne mit in ihr Land. Sie sind fähig, das Wissen in seiner ursprünglichen Reinheit weiterzugeben." Der Kaiser konnte es nicht glauben. Er sagte: "Das ist undenkbar! Ich traue Dir nicht." Der Brahmane forderte seine Söhne deshalb auf, die Veden zu singen, und zum Erstaunen des Kaisers rezitierten sie alle vier Bücher, ohne einen einzigen Fehler zu machen. Vergeßt nicht, sie hatten es in einer einzigen Nacht gelernt. Sie hörten einfach aufmerksam und mit großer Liebe dem Vater zu, als er rezitierte und so ging es direkt in ihre Herzen. Deswegen konnten sie alles so spontan auswendig lernen.

"Vergleicht, wie es heutzutage ist. Die Studenten lernen etwas, indem sie unzählige Male wiederholen. Trotzdem vergessen sie es wahrscheinlich, wenn sie es vor allen Anwesenden im Klassenzimmer wiederholen sollen. Das Grundproblem ist hier die Angst.

"Magister, Mathematiker, Wissenschaftler, Musiker, Maler und andere entwickeln nur einen winzigen Teil der Kraft, die in ihnen ruht. Nur ein wahrer Meister, der im Atman wurzelt, ist an diese unermeßliche Kraftquelle angeschlossen, die in uns allen vorhanden ist."

Mutter hörte auf zu sprechen und in einem plötzlichen Stimmungswechsel kam der Ausdruck eines unschuldigen Kindes in ihr Gesicht. Mutter drehte sich um und hieß einen klassisch ausgebildeten Brahmachari in bittendem Ton, das Lied '*Nilambuja Nayane....*' anzustimmen.

O Mutter mit den blauen Lotosaugen.
Hörst Du nicht das Weinen
Dieses trauernden Herzens?
Muß ich wegen Taten aus vergangenen Leben
So allein umhergehen?
Ich ging durch die Zeitalter
Bevor ich wieder in dieses Leben kam.

Bitte ziehe mich nahe zu Dir
Mit einer mütterlichen Umarmung;
Laß mich auf Deinem Schoß
Kuscheln wie ein Kind.
O Mutter, vielleicht verdiene ich Dich nicht
Willst Du Dein Kind deswegen verlassen?
Komm und drücke mich nah an Dich
Umhülle mich mit Deinem barmherzigen Blick.

Die Technik

Nach kurzem Schweigen erhob sich eine weitere Frage.

"Wie wirkt diese Entspannungstechnik?"

Mutter: "Kinder, wenn ihr entspannt seid, vergeßt ihr alles. Es entsteht ein Hohlraum und euer Gemüt leert sich. Nehmen wir an, ihr sitzt in einem Park mit dem geliebten Menschen an eurer Seite. In dem Park gehen viele Dinge vor sich. Leute unterhalten sich über die politischen Veränderungen, Kinder spielen, Jugendliche rufen und schreien zum Vergnügen; aber ihr und euer Geliebter sitzt da in einer Ecke und blickt euch gegenseitig tief in die Augen ohne die Geschehnisse um euch herum wahrzunehmen. Wenn alle Gedanken beiseite geschoben sind, können wir uns mit dem süßen Duft der Liebe füllen und das Herz darf blühen. In solchen Augenblicken steht alles still — sogar ihr und euer Geliebter hören auf zu sein. Da ist nur noch Liebe. Gestern und morgen mischen sich nicht länger ein. Wenn Vergangenheit und Zukunft sich auflösen, kann Liebe aufgehen und nur in jener Liebe kann echte Entspannung erfahren werden.

"In derselben Weise vergeßt ihr alles andere, wenn ihr entspannt seid; und in dieser gelösten Stimmung kann ein beliebiges Thema voll von euch aufgenommen werden, wenn ihr eure ganze Energie darauf ausrichtet. In solchen Momenten ist euer ganzes Wesen weit offen, jedes Atom, jede Zelle eures Körpers ist so empfänglich, daß ihr das ganze Thema einfach schlucken und verdauen könnt.

"Dies ist die Methode, welche die rishis in der Erziehung ihrer Schüler anwendeten. Sie brachten die Schüler dazu, alles zu vergessen und sich zu entspannen. In einer Atmosphäre von Liebe und Offenheit vergaßen sie ihre frühere Prägung.

"Schüler der gurukulas gehörten allen Gesellschaftsschichten an. Vom Kronprinzen bis zum Sohn des ärmsten Mannes studierten sie alle in der gleichen Einsiedelei und unter dem gleichen Meister. Normalerweise würden in solchen Situationen reichlich Gelegenheiten zu Absonderungen und Konflikten bestehen. Könnt ihr euch vorstellen, wie alle diese Kinder aus den verschiedensten Lebensumständen und mit verschiedenen Gemütsverfassungen in der gleichen Einsiedelei zusammenleben konnten, und dies unter meist sehr spartanischen Bedingungen? Sie hatten ein hartes Leben. Die meisten dieser Einsiedeleien befanden sich in der Wildnis, weit von jeder Siedlung entfernt. Der Meister behandelte die Schüler nie verschieden. Er versah den Prinzen nicht mit einem schön möblierten Einzelzimmer und mit Dienern, die für ihn sorgen sollten, und den Sohn des

Er

armen Mannes brachte er nicht in einer staubigen, winzigen Hütte unter. Es gab keinen Unterschied in Ernährung, Unterkunft oder Kleidung. Sie nahmen dieselben Mahlzeiten ein, schliefen auf dem gleichen Boden und alle trugen die einfachsten Kleider. Ob Prinz, ob Sohn eines Ministers oder Adeligen oder ob Sohn eines armen Mannes — sie alle hatten sich dem einfachen Lebensstil anzupassen und hart zu arbeiten. Es gab keine Ausnahmen oder Parteilichkeit. Anderseits verband sie eine große Liebe; da waren gegenseitige Anteilnahme und ein Gefühl der Einheit vorhanden.

"Die Quelle der Schönheit und des Reizes in ihrem Leben lag in der Eigenschaft des Meisters. Seine Gegenwart half den Schülern, alles Unterscheidende zu vergessen und in Einheit zu leben und dabei das Wissen aufzusaugen, das der Meister vermittelte.

"Deshalb, meine Kinder, vergeßt nie: Nur durch Liebe und Entspannung ist Wachstum möglich. Unglücklicherweise hat sich unsere Vorstellung darüber, was Wachstum wirklich sei, geändert. Wir glauben, es handle sich um etwas Äußerliches: Reichtum erwerben, viele Autos besitzen, so viel Grundeigentum und Aktien erwerben, als man kann; dann werden die Leute sagen, 'Er hat sich enorm gemacht'. Dieser Art wäre die Bemerkung, die man über einen solchen Menschen machen würde. Wir denken, er hat sich entwickelt, aber ist das echtes Wachstum? So lange man innerlich abgetrennt ist, kann man nicht wachsen. Die Mehrheit der Menschen ist gespalten, innerlich und äußerlich. Wie kann echte Entwicklung in einem Menschen stattfinden, oder in einer Gesellschaft, so lange keine Liebe oder kein Gefühl der Einheit vorhanden ist?

"Wirkliches Wachstum geschieht in der Einheit, die aus der Liebe stammt. Die Milch, die aus der Brust der Mutter fließt, ernährt das Baby und versorgt seinen Körper mit Kraft und Vitalität und ermöglicht allen Organen, gesund und ausgewogen zu wachsen. Aber es ist nicht nur Milch, die aus der Mutterbrust fließt — es ist die Wärme, die Liebe und Zärtlichkeit der Mutter in Form von Milch. Ähnlich ist Liebe die Muttermilch, welche der Gesellschaft als Ganzes zum Wachstum verhilft. Liebe gibt die notwendige Kraft und Vitalität, die es einer Gesellschaft erlaubt, ohne Spaltung zu wachsen. Kraft und Vitalität, die es einer Gesellschaft erlaubt, ohne Spaltung zu wachsen.

Kapitel 7

Die Mutter des Universums

Es war fünf Uhr nachmittags. Mutter stand vor dem Kuhstall, umringt von einer Gruppe von Brahmacharis, Brahmacharinis und Haushälter-Devotees, welche zu Besuch gekommen waren. Die Kühe waren im Freien angebunden und wurden nun eine um die andere von einem Brahmachari in den Stall zurückgeführt. Als der Brahmachari die letzte Kuh losbinden wollte, sagte Mutter zu ihm: "Sohn, warte eine Minute." Mutter ging lächelnd zu der Kuh hin. Plötzlich kniete sie nieder, stützte sich wie ein kleines Kind auf die Hände und begann direkt vom Euter der Kuh zu trinken. Die Kuh stand ganz still da, mit einem Ausdruck größter Seligkeit im Gesicht. Weil Mutter aus jedem einzelnen Euter trank, füllte das ganze sich mit mehr und mehr Milch. Mutter sah so äußerst süß und unschuldig aus, als die Milch an ihren Backen herunterrann.

Alle, die zusahen, waren zutiefst berührt von dieser einmaligen Szene, denn sie erinnerte sie an die Geschichten aus der Kindheit von Sri Krishna. Die Kuh selber muß sehr viele Verdienste gehabt haben, weil sie die Gelegenheit bekam, die Mutter des Universums direkt aus ihrem Euter zu nähren.

Endlich stand Mutter auf. Sie wischte ihr Gesicht mit einem Tuch ab und küßte die Kuh zärtlich. Sie sagte: "Kinder, diese Kuh hat schon sehr lange darauf gewartet, daß Amma von ihr trinken würde. Ihr Verlangen danach war sehr stark."

Einer der Devotees äußerte mit viel Gefühl: "Amma, du bist wahrhaftig die Mutter des Universums. Du kannst die Gedanken und Gefühle der ganzen Schöpfung verstehen und entsprechend handeln."

Mutter ging nun zur Rückseite des Stalles. Der Brahmachari band die Kuh los und als sie in den Stall geführt wurde, drehte sie ihren Kopf zu Mutter und blickte lange unverwandt auf sie.

Mutter sagte: "Kinder, es gab Zeiten, als jedermann, sogar Ammas Eltern, gegen Amma war und sie verließ, weil sie sich unüblich verhielt. Als dies geschah, waren es die Vögel und die Tiere, die sich um ihr Wohl kümmerten. Ein Hund pflegte für Amma Essenspakete von irgendwoher zu bringen. Manchmal saß Amma etliche Tage ununterbrochen in tiefem samadhi. Als sie aus diesem Zustand zurück kam, war jeweils eine Kuh vor ihr, die so dastand, daß Amma direkt aus dem Euter trinken konnte, soviel sie wollte. Es gab einen Adler, der die Gewohnheit hatte, Fische für Amma niederzuwerfen, die sie roh aß. Kinder, wenn ihr eins seid mit der Schöpfung, wenn euer Herz mit nichts anderem als Liebe gefüllt ist, dann wird die Natur zu eurem Freund und Diener. Es sind eure Selbstsucht und Engstirnigkeit, welche die Geschöpfe von euch fernhalten."|

Mutter befand sich nun hinter dem Kuhstall. Als sie bemerkte, daß die Dunggrube zum Überlaufen voll war, sagte sie: "Kinder, Amma ist überrascht, daß keiner von euch es unternahm, die Grube zu leeren." Dann zitierte sie den Brahmachari, dem die Pflege der Kühe oblag und fragte: "Hast du das nicht gesehen? Ist es nicht deine Pflicht, den Kuhstall und die Umgebung sauberzuhalten? Kinder, es ist nicht wichtig, was ihr tut. Was zählt ist, wie ihr es tut. Wenn ihr eure Handlungen nicht mit Liebe und Hingabe ausführt, wie könnt ihr da spirituell weiterkommen? Amma möchte nicht viel sagen. Ihr Kinder solltet lernen, die Dinge freiwillig und spontan zu tun, ohne dazu aufgefordert werden zu müssen." Mutter begann kurzerhand die Grube eigenhändig mit einem Kübel zu leeren. Als sie das sahen, erschien die ganze

Gruppe. Zuerst fürchteten sie sich, Mutter näherzukommen, denn vielleicht war sie zornig und wollte nicht, daß sie helfen. Aber Mutter äußerte kein Wort. Das nahmen sie als gutes Zeichen. Sie holten andere Kübel und begannen mitzuhelfen, so daß die Grube innerhalb weniger Minuten gesäubert war.

Als die Arbeit getan war, starrte Mutters Kleid vor Dreck. Mutter kümmerte sich nicht darum. Sie ergriff einen Besen, der in einer Ecke lag und fing an, den Platz um den Stall herum zu fegen. Obwohl alle bettelten, daß Mutter die Arbeit ihnen überlassen würde, fuhr sie fort zu fegen bis der ganze Platz sauber wirkte.

Es war Zeit für das abendliche bhajan-Singen. Mutter ging auf ihr Zimmer und kehrte einige Minuten später zurück, um alle an dem Glück ihres beseelten Singens teilhaben zu lassen.

Furcht blockiert die Spontaneität

Als die bhajans vorüber waren, beantwortete Mutter wiederum wohlwollend einige Fragen. Die Devotees waren erfreut über die Gelegenheit, sich Wissen aus dieser unendlichen Quelle der Weisheit erschließen lassen zu dürfen.

Frage: "Amma, kürzlich sprachst du davon, daß man nicht entspannt sein kann, wenn man von Furcht erfüllt ist und daß man sich deshalb nicht spontan mitteilen kann. Wie wird diese Furcht verursacht?"

Mutter: "Es ist der Gedanke, was andere von uns halten mögen, der diese Furcht bewirkt. Es ist die Furcht vor Beurteilung. Das Problem liegt im Gefühl des Andersseins. So lange diese Furcht besteht, wird euer Herz verschlossen bleiben, und ein Herz das zu ist, kann sich nicht mitteilen.

"Nehmt das Beispiel des Schülers, der aufgefordert wird, vor der Klasse ein Gedicht aufzusagen. Er zieht sich in seinem Elternhaus zurück und lernt das Gedicht auswendig, indem er es wiederholt; aber wenn er später vor der Klasse versucht, das Gedicht zu rezitieren, überfällt ihn die Furcht — die Furcht vor Beurteilung. Er wird überwältigt von dem Gedanken, was die Freunde und der Lehrer von ihm halten werden, wenn er einen Fehler macht, und so vergißt er plötzlich alles, was er gelernt hatte.

"Wenn der Schüler hinter der geschlossenen Türe seines Zimmers allein sein kann, ist er entspannt und furchtlos. Inmitten von Menschen kann er sich jedoch nicht entspannen. Der Gedanke, daß sie ihn beobachten und ihn vielleicht beurteilen und kritisieren, bildet eine Sperre ihn ihm und er vergißt seine Fähigkeit, sich mitzuteilen. Ein Gefühl des Andersseins schafft diese Furcht und blockiert das Fließen von Inspiration und Ausdruck. Damit wir uns voll ausdrücken können, sollte dieses Gefühl des Andersseins verschwinden. Wir sollten lernen, uns immer entspannt zu fühlen, so, wie wir es allein in unserem Zimmer sind.

"Ein schöner Gesang kann nur von einem Sänger kommen, der die Zuhörer und sich selbst vergißt. Ein herzbewegendes Gemälde kann nur entstehen, wenn der Maler sich und alles andere vergißt, sogar die Welt. Alles Empfinden von Anderssein muß verschwinden, wenn eure Talente in ihrer ganzen Fülle und Schönheit zum Ausdruck kommen sollen. Das Gefühl des Andersseins blockiert das Fließen eures Herzens.

"Amma kennt einen Jungen, der ein sehr begabter Sänger ist. Er hat eine wundervolle Stimme, aber wann immer er versucht, vor anderen zu singen, mißlingt es ihm vollkommen, seine Begabung auszudrücken. Er zittert, bricht in Schweiß aus und singt falsch. Armer Junge! Wegen seiner Furcht vor Beurteilung wird er überwältigt von Gedanken wie: "Wie soll ich nur vor all diesen Leuten singen? Wird ihnen mein Singen gefallen? Werde ich richtig singen können? Wenn nicht, was werden sie von mir denken?" Dadurch wird es ihm unmöglich, vor einem Publikum zu singen.

"Betrachtet einen Mahatma. Wann immer er will, kann er sein ganzes Wesen mit all seinem Liebreiz und seiner Schönheit ausdrücken. Er ist von nichts abhängig. Ihm fehlt das Gefühl des Andersseins, und er ist furchtlos. Er kann sich jederzeit frei bewegen und unter andere mischen, egal wo er ist. Wie ist dies möglich? Er kann es, weil er jedermann als sein eigenes Selbst betrachtet. Für ihn gibt es nur das Selbst."

Das hörte sich an, als ob Mutter von sich selbst sprechen würde. Wer Mutter beobachtet, wird bald sehen, wie frei sie sich unter die Leute mischt und sich spontan an verschiedenste Situationen anpaßt ohne unvertraut zu wirken. Niemand ist ein Fremder für sie, und die Menschen erleben sie in keiner Weise als Fremdling. Dies hilft ihnen, sich zu öffnen und Mutter all ihre Gefühle mitzuteilen. Sie haben das Gefühl, daß Mutter ihnen sehr nahe steht, daß sie ihnen ganz gehört. Und das stimmt, niemand kann uns näher sein als Mutter, denn sie ist unser eigenes innerstes Selbst. Das Gefühl des Andersseins geht ihr völlig ab. Weil sie jenseits aller Ängste ist, kann Mutter ihr ganzes Wesen in jeder Situation voll zum Ausdruck bringen.

Alleinsein und Einsamkeit

Frage: "Was ist der Unterschied zwischen Alleinsein und innerer Einsamkeit?"

Mutter: "Alleinsein (innere Zurückgezogenheit) hilft, euch zu entspannen. Alleinsein hat nichts mit Einsamkeit zu tun. Ihr könnt euch einsam fühlen, wenn Gedanken und Gefühle euch überwältigen. Stellt euch vor, ihr habt ein glückliches Familienleben, der Arbeitsplatz liegt nahe bei der Wohnung, ihr verbringt eure Zeit gerne im Familienkreis, und dann schickt euch der Arbeitgeber plötzlich für zwei Jahre ins Ausland. Ihr müßt sofort gehen und könnt die Familie nicht mitnehmen. So verlaßt ihr euer Heim, um an einem neuen Ort zu leben. Dort angekommen seid ihr unsäglich traurig. All eure Kraft und Begeisterung scheint euch zu verlassen. Immerzu müßt ihr an Frau und Kinder denken. Die Trennung von der Familie macht euch einsam und je mehr ihr sie vermißt, desto verletzlicher werdet ihr. Wenn ihr einsam seid, geratet ihr gefühlsmäßig aus der Fassung, und wenn ihr durcheinander seid, werdet ihr verwundbar. Ihr werdet zum Sklaven eures Gemüts. In diesem Zustand fallt ihr leicht jeder Situation zum Opfer und als Ergebnis verliert ihr euren inneren Frieden. Ein einsamer Mensch ist aufgewühlt und kann sich nicht friedvoll oder glücklich fühlen. Dies ist es, was Einsamkeit bei euch bewirkt.

"Alleinsein dagegen ist etwas, das tief innen geschieht; es macht uns in jeder Situation zufrieden und ruhig. Ob ihr körperlich allein seid oder inmitten einer Menge eigenartiger Leute in einem fremden Land mit anderer Kultur und Sprache, ihr werdet euch sehr glücklich fühlen und ihr werdet spontan sein in eurem Verhalten. Ein Mensch, der dieses innere Alleinsein entwickelt hat, kann nicht von Gefühlen überwältigt werden. Er wird sich nie traurig oder leer fühlen. Nichts kann den spontanen Fluß seines Herzens stören, wenn er sich in diesem Zustand befindet.

"Während ihr euch einsam fühlt, wenn ihr vom Gemüt versklavt werdet, ist Alleinsein ein Zustand, den ihr erreicht, wenn ihr Herr eures Gemütes seid, wenn ihr jenseits des Gemütes gehen könnt. Einsamkeit ist äußerlich, sie gehört zu Gemüt und Körper. Alleinsein ist innerlich, es gehört zum Atman. Einsamkeit ist die Folge von Bindung. Alleinsein entsteht aus Losgelöstheit. Einsamkeit taucht euch in einen Zustand von Dunkelheit und Sorge. Alleinsein bringt Licht und Liebe in euer Leben.

"Alleinsein ist nicht das gleiche wie Abgeschiedenheit. Wir sind in Abgeschiedenheit, wenn wir uns weitab von der Menge an einem malerischen Ort befinden. Aber auch dort können wir noch ruhelos sein, wenn wir Alleinsein oder innere Zurückgezogenheit nicht erreicht haben.

"Ihr fühlt euch einsam, wenn ihr verspannt und aufgewühlt seid. Alleinsein wird dagegen erfahren, wenn ihr gelöst seid und frei von allen Spannungen. Einsamkeit verschließt das Herz und blockiert jede Möglichkeit des Selbstausdruckes. Alleinsein hilft euch, voll aufzumachen und euch natürlich und spontan auszudrücken. Einsamkeit ist das Leiden eines Menschen, der an die Welt und ihre Objekte und durch Begierden gebunden ist. Alleinsein ist der Zustand einer Seele, die frei ist von allem Begehren und von den Objekten und Vergnügungen der Welt."

Frage: "Wie können wir diesen Zustand des Alleinseins erreichen? Wie können wir all unsere Ängste und Gefühle des Andersseins gehen lassen?

Mutter: "Dies ist nur durch Meditation möglich. Um völlig entspannt zu sein und dadurch den Zustand vollkommenen Alleinseins zu erreichen, dürfen Vergangenheit und Zukunft nicht mehr dazwischen kommen. Nur der Augenblick existiert und sollte erfahren werden. Meditation ist die Technik, die uns befähigt, im gegenwärtigen Moment zu verweilen.

"Indem wir uns konzentrieren, z.B. auf eine Form, einen Ton oder ein Licht, lernen wir, dauernd in diesem Zustand inneren Alleinseins zu verweilen und in jeder Situation freudevoll zu bleiben. Im eigenen Selbst zufrieden zu sein, durch das Selbst und für das Selbst: Das ist mit innerem Alleinsein gemeint.

Alle spirituellen Praktiken haben zum Ziel, dieses Alleinsein oder die völlige Konzentration des Gemütes zu erfahren. In Wirklichkeit brauchen wir nichts von außen, um glücklich zu sein. Wir sollten unabhängig werden und uns nur auf unser eigenes Selbst verlassen, die wahre Quelle aller Freude. Die Gegenwart eines echten Meisters ist die beste Gelegenheit, um dieses Alleinsein zu erfahren.

"Dieser Zustand des Alleinseins darf nicht mißverstanden werden. Er bedeutet nicht, sich körperlich allein an einem ruhigen Ort aufzuhalten. Bevor das Gemüt nicht ruhig und still ist, kann man dieses innere Alleinsein nicht finden, weder an einem ruhigen Ort noch in einer schönen Höhle im Himalaya oder in einem abgelegenen Wald. Wo das Gemüt laut ist, sind wir seinen Launen ausgeliefert und haben keine Möglichkeit, dieses echte Alleinsein zu erfahren.

"Es gingen einmal drei spirituelle Sucher in die Berge, um ernsthaft sadhana zu praktizieren. Bevor sie aufbrachen, gelobten sie, drei Jahre lang zu schweigen. Dann verbrachten sie zusammen eine lange Zeit der Enthaltsamkeit. Eines Tages geschah es, daß ein Pferd vorbeitrabte. Es dauerte beinahe ein Jahr, bis eines schönen Morgens einer von ihnen sagte: 'Das war ein sehr schönes weißes Pferd.' Das war alles, was er sprach. Danach redete keiner mehr. Ein weiteres Jahr ging vorbei, bis der zweite Sucher plötzlich bemerkte: 'Nein, das war kein weißes Pferd. Es war ein schwarzes Pferd.' Das war alles. Ein weiteres Jahr lang herrschte Schweigen. Nachdem die drei Jahre endlich vorüber waren, öffnete der dritte Sucher seinen Mund und sagte: 'Zuviel ist zuviel. Ich verlasse diesen Platz sofort! Ihr habt keine Disziplin und ihr stört auch andere mit eurem Geschwätz.'"

Alle Anwesenden lachten über Mutters Geschichte.

"Kinder, dieses innere Alleinsein kann nur erfahren werden, wenn das Gemüt ruhig und still ist. Aus dieser Ruhe wird sich die herrliche Blume des Friedens und der Glückseligkeit entfalten. Ist dieser Zustand einmal erreicht, könnt ihr euch aufhalten wo ihr wollt, auf diesem Planeten oder in einer anderen Welt, sogar in der Unterwelt, und überall werdet ihr in Seligkeit und Frieden baden. Es spielt keine Rolle, ob ihr körperlich allein seid oder am lautesten Ort der Welt, ihr werdet immer voller Freude und Zufriedenheit sein.

"Ein Satguru wird Gelegenheiten schaffen, bei welchen ihr dieses innere Alleinsein in euch finden könnt. Der Meister lehrt nicht, in seiner Gegenwart entstehen hilfreiche Situationen spontan. Dies kann geschehen, weil der Meister eine Verkörperung von 'Das' ist. Er ist der Schöpfer der Umstände, die es euch ermöglichen, spirituell zu wachsen. Er hilft euch, die Türen und Fenster der Sinne zu schließen. Die Sinne sind die Öffnungen, durch welche ihr euch vom inneren Selbst entfernt. Ihr könnt das Selbst nicht durch die Türen und Fenster eurer Sinne erspähen. In Wirklichkeit braucht ihr sie nicht, um euer Selbst zu erblicken.

"Nehmen wir an, ihr wohnt in einer wunderschönen, malerischen Umgebung. Ihr befindet euch drinnen im Haus und plötzlich möchtet ihr einen Blick auf die prächtige Landschaft draußen werfen. Dazu öffnet ihr vielleicht die Tür und geht ein paar Schritte hinaus, oder ihr bleibt drinnen und schaut einfach aus dem Fenster. Wenn ihr euch aber selber betrachten wollt, braucht ihr nicht nach draußen blicken. Ihr könnt die Türe schließen und euch vom Fenster abwenden, denn ihr wißt, daß ihr nicht irgendwo draußen gefunden werden könnt; ihr seid hier, im Inneren. Ihr braucht die Öffnungen der Sinne, um die Außenwelt wahrzunehmen, aber sie eignen sich nicht, um das innere Selbst zu erkennen. Das Selbst kann nirgendwo draußen in der Welt gefunden werden. Das Selbst kann nicht mit den Augen gesehen oder mit irgendeinem der Sinne erfahren werden, denn sie alle lenken nach außen, d.h. in die dem Selbst entgegengesetzte Richtung. Wenn ihr das Selbst sehen möchtet, müßt ihr blind werden; ihr müßt die Türen schließen und aufhören, die Aufmerksamkeit nach außen zu richten, denn das Selbst ist innen. Habt ihr jedoch euer wahres euch innewohnendes Selbst verwirklicht, dann könnt ihr durch die Türen der Sinne hinausgehen wann immer ihr es wünscht. Ihr seht nicht mehr eine Welt der Verschiedenheit — alles hat sich zu einer Totalität verwandelt. Dies tritt erst ein, wenn ihr blind geworden seid für die Welt der Vielfalt. Wenn ihr blind werdet für die Außenwelt, sogar wenn eure Augen geöffnet sind, dann entwickelt ihr das göttliche, innere Auge, eine neue Vision — es ist das dritte Auge des unendlichen Wissens und der Weisheit. Das ist es, was ihr in den Augen eines Mahatma seht.

"Meditation ist die Technik, welche es euch ermöglicht, die Türen und Fenster der Sinne zu schließen, damit ihr nach innen blicken und euer eigenes Selbst sehen könnt. Echte Meditation kann allerdings nur in der Gegenwart eines Satguru erfahren werden. Ein wahrer Meister ist dauernd in Meditation, auch wenn ihr ihn physisch handeln seht. Seine Gegenwart ist der richtige Platz für eure Selbstentfaltung. In seiner Gegenwart könnt ihr dieses innere Alleinsein erleben und gleichzeitig eure Furcht und die Gefühle des Andersseins verlieren."

Mutter machte eine Pause. In der Stille der Nacht stimmte sie '*Nilameghangale....*' an.

O blaue Wolken!
Wie kamt ihr heute zu der azurblauen Tönung
Zur Farbe der dunkelblauen Haut
Des Sohnes von Nanda in Vrindavan?

Seid ihr dem Kind Kannan Krishna begegnet?
Habt ihr miteinander gesprochen
Und euch ein Lächeln geschenkt?
Hat der Blick seiner Augen
Blau wie der Lotos
Dich von Kopf bis Fuß liebkost?

Hat Kannan dir gesagt
Er werde mir erscheinen?
Hat er gesagt, ich sei ihm auch willkommen?

117

Hat er tröstende Worte gesandt
Für meinen Seelenfrieden?

Selbstbemühung in der Gegenwart des Satgurus

Durch Mutters Singen wurden mehr Ashrambewohner aus ihren Hütten gelockt. Sie scharten sich um Mutter. Als sie das Lied beendet hatte, blickte Mutter still in den klaren Himmel, der vom Mond beleuchtet und mit flimmernden Sternen übersät war. Nach einer Weile erhob sich eine andere Frage.

"Amma, das klingt so, als ob in der Gegenwart eines echten Meister alles einfach geschieht, ohne eigene Anstrengung unsererseits. Aber ist diese nicht notwendig, damit sich das innere Auge öffnet?

Mutter: "Kinder, sogar Selbstbemühung geschieht spontan in der Gegenwart eines Meisters, vorausgesetzt natürlich, daß ihr die richtige Einstellung, den rechten Glauben und das nötige Verständnis habt. Die Intensität einer bestimmten Situation, die vom Meister geschaffen wird, ist solcherart, daß Selbstbemühung ohne euer Wissen geschieht. In der Gegenwart des Satguru erlebt ihr, wie ihr euch spontan und natürlich öffnet wie eine Knospe, die zur strahlenden, duftenden Blume wird.

"Natürlich gibt es so etwas wie Selbstbemühung; damit diese Anstrengung aber die richtigen Früchte bringt, müssen wir zuerst wissen, was und wie etwas zu tun ist. Nur ein vollkommener Meister kann uns dieses Wissen verleihen. Indem wir immer nahe beim Meister sind, werden wir es bekommen, und von da an ist es leicht. Ihr denkt, daß etwas getan werden muß, um Befreiung zu erlangen; aber der Sinn der Guru-Schüler-Beziehung ist es, dem Schüler die Erfahrung zu geben, daß nichts getan werden muß. *Moksha* (Befreiung) ist nicht etwas, das zu euch kommt oder von außen in euch hineingelangt; im Gegenteil, es ist ein wesentlicher Teil von euch, etwas, das ihr bereits seid.

"Das Gemüt, oder die Vergangenheit, ist nicht das Problem. Die Schwierigkeit liegt in eurer Identifikation mit dem Gemüt, mit eurer Vergangenheit. Diese unglückliche Anhaftung, das Gefühl von 'Ich und Mein', ist das Problem. Sobald ihr lernt, nicht mehr an den Dingen zu haften, sondern ein unabhängiger Beobachter zu sein, ändert sich eure Sichtweise.

"Amma hörte eine Geschichte, die sie als Beispiel erzählen will. In einer Fabrik ist ein Brand entstanden. Der Besitzer ist in einem schrecklichen Zustand; er weint und tobt wie ein Irrer. "Alles wird zerstört!" schreit er. "Mein ganzes Vermögen ist weg, alles, was ich mit harter Arbeit verdient habe, ist weg! Ich bin ruiniert!" Da kommt unerwartet ein Freund zu ihm und fragt: "Warum weinst du so verzweifelt? Weißt du nicht, daß dein Sohn die Fabrik gestern verkauft hat? Sie gehört dir ja gar nicht mehr!" Die Fabrik brennt immer noch, nichts hat sich geändert. Aber der Mann hört schlagartig auf zu weinen. Der innere Brand ist gelöscht. Er wischt die Tränen weg und lächelt erleichtert. Gerade in diesem Moment kommt der Sohn und sagt vorwurfsvoll: "Vater warum stehst du einfach herum? Siehst du nicht, daß die Fabrik in Flammen ist? Warum unternimmst du nichts?" Der Vater antwortet: "Was gibt es denn zu tun, du hast die Fabrik ja verkauft." Aber der Sohn erwiedert: "Nein, Vater, gestern haben wir sie beinahe verkauft, aber es ging etwas schief, der Handel kam nicht zustande." Als der Vater das hört, gerät er wieder in Verzweiflung und fängt erneut an zu schluchzen.

"Das brennende Gebäude ist nicht der wirkliche Grund seines Leidens. Es ist seine Anhaftung an das Gebäude, welche die Verzweiflung schafft. Der Gedanke, daß die Fabrik ihm gehört und danach die Auskunft, daß sie nicht mehr sein Eigentum ist, bewirkt eine völlig andere Verfassung in ihm. Sein anfänglicher

Schreck und die Verzweiflung verwandeln sich in Freude und Erleichterung und dann wieder in Verzweiflung. Die äußere Lage ist die gleiche, die Fabrik brennt nach wie vor. Der Wechsel ging in seinem Inneren vor. Als er hört, daß die Fabrik verkauft sei, zieht er seine Anhaftung an diese zurück und beobachtet lediglich den Brand. Aber sobald ihm mitgeteilt wird, daß die Fabrik nun doch nicht verkauft wurde, wird eine Anhaftung geschaffen, die ihn erneut verzweifeln läßt. Wir können immer ruhig bleiben, wenn wir auf das Gefühl der Anhaftung verzichten. Damit eine neue Welt sich vor euch auftun kann, müßt ihr aufhören, euch mit der Welt zu identifizieren, die von eurem Gemüt geschaffen wurde. Dann könnt ihr ein großes Haus haben, einen schnellen Wagen und andere Annehmlichkeiten, aber ihr besitzt eigentlich nichts. Indem ihr vermeidet, daß leblose Dinge euer Leben beeinflussen, werdet ihr zum Herrscher über sie.

"Denkt nicht, daß alle Erinnerungen an die Vergangenheit verschwinden, wenn ihr den Zustand der Vollkommenheit erreicht habt. Nein, die Erinnerungen sind noch da, aber ihr werdet euch nie mehr mit ihnen identifizieren. Sobald ihr die Identifikation mit der Vergangenheit zurückgenommen habt, wird die Vergangenheit zu einem schieren Lagerplatz für die Erinnerungen. Betrachtet die Vergangenheit als Lagerhaus und nicht als den Ort, wo ihr lebt. Braucht ihr etwas aus der Vergangenheit, könnt ihr hingehen und es holen. Sobald ihr das Benötigte gefunden habt, müßt ihr das Lagerhaus aber wieder verlassen. Ihr lebt nicht dort. Dies muß gut verstanden werden. Verbringt euer Leben nicht im Lagerhaus eurer Vergangenheit, denn es ist nicht euer Zuhause. Löst euch und lebt im Licht, in Liebe und in Freiheit, dort, wo ihr hingehört. Dies ist die Botschaft eines echten Meisters. Ihr werdet es lernen, indem ihr einfach in seiner Gegenwart seid. Nirgendwo in der Welt kann es sonst gelernt werden.

Kapitel 8

Arbeit als Gottesdienst

Die Betonierungsarbeiten an der neuen Gebetshalle hatten früh am Morgen begonnen. Beinahe alle Ashrambewohner arbeiteten hart. Blechschalen, gefüllt mit Beton, wurden entlang der Helferreihe von Hand zu Hand gereicht. Bald nachdem man begonnen hatte, traf Mutter an der Baustelle ein und wollte sich an der Arbeit beteiligen. Br. Balu bat sie dringend: "Amma, dies ist Betonarbeit. Bitte, mache nicht mit! Warum machst Du dir Sorgen, es helfen doch so viele Menschen mit! Amma, Deine Haut wird verbrannt, falls etwas von dem Material auf Deine Hände fällt."

Amma erwiederte: "Es verbrennt auch eure Haut, nicht nur Ammas."

Aber Balu bat unbeirrt weiter: "Amma, bitte tu es nicht! Wir machen die Arbeit ."

Mutter lächelte ihm zu und sagte: "Sohn, Amma übernimmt freudig jede Arbeit. Von frühester Jugend an mußte Amma sehr hart arbeiten. Ihr Körper hat nie erfahren, was Ausruhen heißt. Mach dir keine Sorgen."

Auch einige andere versuchten, Mutter vom Mitmachen abzuhalten. Aber ihr Bitten traf auf taube Ohren. Mit einem strahlenden Lächeln band Mutter sich ein Tuch um den Kopf und begann an der Seite ihrer Kinder zu arbeiten. Sie hob eine schwer gefüllte Blechschale auf, setzte sie auf ihren Kopf und trug sie fort.

Während alle in die Arbeit vertieft waren, glitt eine der gefüllten Schalen plötzlich aus den Händen eines Brahmacharis und fiel hart auf den Boden. Es gelang ihm, augenblicklich den Fuß zurückzuziehen, so daß er nicht verletzt wurde. Aber einige Zementspritzer gelangten in Mutters Gesicht. Der Brahmachari entschuldigte sich: "Amma, bitte vergib mir den Mangel an shraddha." Mutter sagte lächelnd zu ihm: "Kein Problem! Das gehört mit zum Spiel." Mutter wischte ihr Gesicht mit einem Tuch ab, das ein Brahmachari ihr reichte und arbeitete weiter. Sie stimmte 'Om Namah Shivaya' an und alle antworteten im Chor. Ein anderes Lied folgte, 'Adiyil Parameswariye...'

O ursprüngliche, höchste Göttin
O Mutter aller Welten
Ich habe kein anderes Ziel im Leben
Als meine Mutter.

O Mutter, mit Augen so schön
Wie die Blütenblätter des blauen Lotos,
Du bist die Trägerin der drei Welten.

O Bewohnerin der Lotosblume, Maya
O Du Schöne
Quelle von allem
Befreie mich von allem Kummer.

O Du Gnädige
Tilgerin der Gier
Die uns führt
Durch das Reich der Seelenwanderung
Beschütze mich.
O Mutter, Hingabe und Befreiung Schenkende
O Katyayani, die Du all-berühmt bist
Ich verbeuge mich vor Dir.

O Göttin der Erde
Weisheit und Wissen bist Du
Das einzige Entzücken, die einzige Nahrung.
Du bist die ganze Schöpfung.
O alles Verlangen Stillende
Bitte nimm meinen Stolz
Komm in mein Gemüt und befreie mich von allen
Begierden.

Mutter stand in der glühenden Sonne. Ein Devotee versuchte, ihren Kopf mit einem Schirm zu schützen, aber Mutter wehrte liebevoll ab, trat beiseite und sagte: "Nein, nein! Wie kann Amma einen Schirm benützen, wenn alle ihre Kinder in der Sonne arbeiten?"

Die Hitze nahm zu. Schweißperlen glitzerten auf Mutters schönem Gesicht. Während der vergangenen zwei Stunden hatte sie ununterbrochen gearbeitet, aber ihr Lächeln ließ keinen Moment nach. Sie trocknete ihr Gesicht mit einem Tuch und sagte: "Kinder, versucht während der Arbeit überall Gottes Gegenwart zu spüren. Stellt euch einfach vor alle, die mit euch arbeiten, seien Funken der Göttlichkeit. Gott trägt den Sand; Gott reicht den Beton an Gott weiter; der Maurer, die Zementmischer, die Blechschalen, alles ist von Gottesbewußtsein durchdrungen. Versucht, mit diesem Gefühl bei der Arbeit zu sein. Dann ist eure Zeit nicht vergeudet."

Mutter fuhr fort zu arbeiten. Zwischendurch setzte sie die Blechschale nieder. Dann war ihr Kopf nur mit einem Tuch bedeckt, das wie ein Turban geschlungen war. Das war so originell und reizvoll, daß einige Helfer die Arbeit unterbrachen, Mutter betrachteten und strahlende, lächelnde Gesichter bekamen.

Genau da traf eine Gruppe junger Männer ein, langjährige Devotees, die Mutter sehen wollten. Sie hatten einige neue Leute mitgebracht. Mutter entfernte den Turban und spazierte mit ihnen zur Meditationshalle. Br. Balu und zwei weitere Brahmacharis folgten der Gruppe, denn sie wußten, daß Mutter mit den hinterfragenden, ernsthaften Jünglingen über spirituelle Themen sprechen würde.

Nachdem die jungen Männer Mutter ihre Ehrerbietung gezeigt hatten, indem sie sich vor ihr niederwarfen, sagte einer von ihnen: "Amma, es sieht so aus, als habest du lange gearbeitet. Du mußt müde sein." "Sohn", antwortete Mutter, "Du wirst nur müde, wenn in deinen Betätigungen keine Liebe ist. Müdigkeit und Langeweile können dich nicht überfallen, wenn deine Handlungen mit Liebe ausgeführt werden."

Nachdem sie sich ein wenig unterhalten hatten, stellte einer der Neuankömmlinge eine Frage.

Ob du gläubig bist oder nicht, deine Göttlichkeit bleibt unverändert

Frage: "Spiritualität empfiehlt, daß wir unser Ego beseitigen. Was bringt es uns aber, wenn wir das Ego fallen lassen? Ich glaube daran, daß das Ego brauchbar ist — es ist kein unnützes Ding. Nur dank des Egos existiert diese schöne Welt. Sollte diese Welt verschwinden, wenn das Ego vernichtet ist, so würde ich lieber an meinem Ego festhalten. Wenn ich wählen könnte, würde ich mein Ego behalten. Ich würde es lieber nicht loslassen."

Mutter: "Sohn, du kannst niemanden dazu zwingen, sein Ego abzulegen. Niemand mag das Ego aufgeben — es ist für jedermann so kostbar. Wie dem auch sei, die Welt wird nicht verschwinden, wie du es dir vorstellst, nachdem der Zustand der Egolosigkeit erreicht ist. Die Welt wird weiterbestehen, aber in dir findet ein Wandel statt. Etwas ist nicht mehr zugedeckt und du beginnst, alles mit dem Staunen und der Unschuld eines Kindes zu sehen.

"Wenn ihr das Selbst verwirklicht, erreicht das ganze Universum die Verwirklichung, sozusagen; denn in diesem Zustand erkennt ihr die allesdurchdringende Natur des Atman. Ihr erfaßt und erfahrt den Atman überall. Wenn die Erkenntnis in euch dämmert, daß alles vom Göttlichen Bewußtsein durchdrungen ist, dann seht ihr auch, daß jedes menschliche Wesen und überhaupt alles in der Schöpfung schon göttlich ist. Ihr wißt, daß ihr selbst wie alle anderen eins seid mit der Höchsten Göttlichkeit, aber die anderen wissen es nicht, das ist der einzige Unterschied. Es ist nur eine Frage der Enthüllung der Wahrheit.

"Sohn, ob du dein Ego ablegst oder nicht, deine wahre Natur ist göttlich. Nichts kann das ändern. Du kannst darauf bestehen zu sagen: "Ich bin Ego, Körper, Gemüt und Intellekt." Das macht keinen Unterschied. Deine wahre Natur wird nicht im geringsten von deinem fehlenden Verständnis beeinflußt. Es ist nicht anders als zu sagen, die Erde ist flach, nicht rund. Ändert es die Form der Erde irgendwie, wenn du predigst, die Erde sei flach, weil du glaubst, daß es so ist? Nein, natürlich nicht. Ebenso steht es dir frei zu glauben, daß du das Ego bist und daß es wirklich existiert, aber du wirst trotzdem bleiben, was du bist: Das Selbst (Atman). Deine göttliche Natur wird sich nicht ändern oder verringern, weil du nicht daran glaubst.

"Wenn jemand glaubt, Feuer sei kalt und Eis heiß, wird dies das Feuer kalt und das Eis heiß machen? Nein, das ist unmöglich. Ebenso ist es mit dir und deiner wahren Natur.

"Du kannst erwidern, daß die Kugelform der Erde und die Temperaturen von Feuer und Eis bewiesene Tatsachen sind, während das Selbst, unsere wahre Natur, lediglich eine Frage des Glaubens ist. Sohn, bevor bewiesen war, daß die Erde rund ist, war es doch auch nur eine Überzeugung, die auf Glauben beruhte, nicht wahr? Zwischen den Wissenschaftlern herrschten Meinungsunterschiede bezüglich der Form der Erde; die Menschen dachten sogar, die Erde sei flach. Erst später konnte bewiesen werden, daß die Erde rund ist; aber vorher war es ein Rätsel und eine Sache des Glaubens. Bevor Wissenschaftler etwas beweisen können, glauben sie einfach. Sie forschen auf der Grundlage von Hypothesen und wenn die Experimente den Beweis erbracht haben, erklären sie es als wahr. Alles ist eine Frage des Glaubens bevor es nicht experimentell nachgewiesen oder wissenschaftlich bewiesen wurde.

"Gleich wie Wissenschaftler ihre verschiedenen Theorien durch die Arbeit in Laboratorien bewiesen haben, arbeiteten die Heiligen und Weisen in ihren inneren Laboratorien und erfuhren das Selbst, die Letzte Wirklichkeit, direkt in sich. Und es ist nicht die Erfahrung von ein oder zwei Personen zu einem bestimmten Zeitpunkt der Geschichte; es ist die Erkenntnis all jener rund um den Globus, welche ihr inneres Selbst erforscht haben. Man kann also deren Gültigkeit nicht bestreiten, indem man sagt, sie sei nur ein Glaube und nicht etwas, das auf Tatsachen beruhe.

Nur eine Knospe kann erblühen

"Behaltet euer Ego, wenn ihr wollt, und laßt es nicht los. Niemand wird euch zwingen, es abzulegen, weil Zwang in diesem Fall nichts ausrichtet. Es wäre, als würde man eine Knospe öffnen und die Blütenblätter herausschälen wollen. Die Knospe muß sich von selber öffnen, ohne Gewalteinwirkung von außen. Nur der natürliche Vorgang des Blühens wird die Schönheit und den Duft einer Blume entfalten. Wenn wir in unserer Ungeduld die Knospe öffnen, wird die Blume sterben. Gewalt zerstört den innerenVorgang des Sich-Öffnens.

"Eine Knospe, die so lange geschlossen war, hat ein starkes Verlangen, sich zu öffnen. Sie will sich entfalten und vergnügt in der frischen Brise im weiten Luftraum tanzen. Das Stadium der

Knospe ist wie ein Gefängnis. Einkerkerung schafft eine Sehnsucht nach Freiheit; es läßt uns danach dürsten, aus den Fesseln
auszubrechen. Ihr könnt es ein unvermeidliches Gesetz nennen,
daß die Freude der Freiheit erst dann wirklich erlebt wird, wenn
man vorher gefesselt und eingekerkert war. Nur eine Knospe
kann erblühen. Bevor sie blüht, muß die Blume durch die Phase
der geschlossenen Knospe hindurch. Der Drang, sich zu öffnen,
kommt aus dem Knospenstadium.

"Vergleichbar damit kann man euer Herz im geschlossenen
Zustand als Ego bezeichnen. Irgendwann, bevor sie aufgeht, mag
die Knospe denken: "Ich bin eine Knospe und so soll es bleiben.
Diese Knospenwelt ist gar so schön! Wenn ich die Wahl hätte,
würde ich gerne so bleiben. Man sagt, es gebe ein höheres Stadium, welches als Blume bekannt ist, ein Zustand voller Schönheit
und Duft. Sie sprechen von farbenfrohen Blütenblättern und
einem auserlesenen Duft, den ich haben soll. Aber ich selber weiß
davon nichts; ich bin ganz zufrieden und in Sicherheit, so wie ich
bin. Eigentlich habe ich Angst vor einer Veränderung...."

"Ihr könnt bleiben, wie und wo ihr seid und hin und her
reden, soviel ihr wollt, dennoch wird es nicht für lange sein.
Die Knospe wird sich bald unbehaglich fühlen — ein bißchen
ruhelos, ein wenig unter Atemnot — und diese Gefühle werden
sich verstärken. Verstärkt sich das Gefühl der Atemnot, wird
sich gleichzeitig ein Drang entwickeln, daraus zu entkommen
und befreit zu werden; und langsam wird das in eurer vollen
Entfaltung und Blüte gipfeln.

"Das Knospenstadium des Herzens ist dem Ego gleichzu-
setzen. Ihr empfindet dasselbe wie die Knospe: "Die Welt ist
wunderschön, so wie sie ist. Ich fürchte, daß alles verschwinden
könnte. Wenn ich die Wahl hätte, hielte ich lieber an meinem
Ego fest." Ihr könnt auf diese Weise logisch argumentieren. Rationalisieren ist in Ordnung; aber so viele Begründungen ihr auch

findet, es ändert sich nichts an der Tatsache, daß in euch eine Blume schlummert. Jede einzelne Blütenknospe ist eine potentielle Blume. Noch ist sie nur eine Knospe, aber die Blume ist darin angelegt. Es ist eine unveränderliche Tatsache, daß in jeder geschlossenen Knospe eine Blüte darauf wartet, sich zu entfalten. Ihr könnt skeptisch sein und das verwerfen, aber kein einziger eurer Gedanken kann die Wahrheit ändern. Eure Gedanken und Zweifel gehören dem Gemüt an. Nein, die Wahrheit kann nicht verändert werden. Wahrheit bleibt Wahrheit — unanfechtbar und unveränderlich.

Irgendwie ist es gut, so lange wie möglich Knospe zu bleiben, im geschlossenen Zustand des Ego, denn je länger ihr in dieser Situation seid, desto stärker wird das Verlangen, daraus auszubrechen. Je länger ihr im Gefängnis seid, desto intensiver werdet ihr die Seligkeit der Freiheit genießen. Je mehr Zeit ihr also in der geschlossenen Schale eures Ego verbringt, desto größer wird der Anlauf, den ihr für den Sprung in den endgültigen Durchbruch braucht. Es ist also gut. Habt es nicht eilig; bleibt in der Schale und fahrt mit dem Rationalisieren und Begründen fort, so lange wie ihr wollt. Es ist ein gutes Zeichen, denn es bedeutet, daß ihr euch annähert.

"Vergeßt nicht:Niemand wird euch drängen, euch zu öffnen; ihr könnt nicht gezwungen werden, euer Ego abzuschütteln. Wenn es eure Wahl ist, am Ego festzuhalten, ist es gut so. Ihr bevorzugt die dunkle Welt der Knospe; ihr fühlt euch dort behaglich. Euer Gemüt hat sich so an die Nacht in der geschlossenen Knospe gewöhnt, daß ihr in eurer Unkenntnis glaubt, die Dunkelheit enthalte alles Licht, das ihr braucht. Ihr wißt nicht, daß das matte Licht, welches ihr wahrnehmt, nur von ein paar erbärmlichen Lichtstrahlen stammt, denen es gelingt, durch die winzigen Risse an der Oberfläche der Knospe einzudringen. Es entspricht dem fahlen Licht eines Verlieses.

"Es ist, als ob ihr eine derart lange Zeit im Verlies zugebracht habt, daß ihr nicht mehr wißt, was echtes Licht ist. 'Dieses Gefängnis genügt mir,' sagt ihr zu euch selbst, 'es gibt kein helleres Licht. Ich will nichts anderes.' Wenn euch jemand erzählen würde, welch strahlendes Sonnenlicht außerhalb des Verlieses leuchtet, würdet ihr trotzdem sagen: "Nein, es kann nicht wahr sein." Aber die Sonne existiert und ihr Licht ist die Wahrheit. Wie könnte das Licht aufhören zu strahlen, nur weil es euch gefällt, es zu ignorieren? Das Problem liegt in euerem Inneren, es hat nichts zu tun mit der Sonne oder ihrem Licht. Ihr müßt herauskommen und das Licht erleben. Ihr aber fühlt euch sicher in eurem Verlies und ängstigt euch, es zu verlassen. Ihr sorgt euch, was passieren könnte, falls ihr geht. Eure Furcht ist recht verständlich, denn ihr habt ja keine Ahnung, was außerhalb des Verlieses ist. In eurer Lage habt ihr keine andere Informationsquelle als die Worte desjenigen Menschen, der folgendes zu euch sagt: "Schau, mein Freund, es gibt eine wundervolle, strahlende Welt dort draußen! Sie ist voller Sonnenlicht, es gibt prächtige Gebirge und Täler, funkelnde Flüsse, blühende Bäume und auch die Sonne, der Mond und zahllose glitzernde Sterne sind zu sehen. Geh mit mir. Ich kenne alles, weil ich dort lebe. Komm, mein Freund, ich will dir helfen, frei zu werden." Ihr müßt diesem Menschen nur vertrauen und seinen Worten glauben. Gebt euch ihm hin und macht ein paar mutige Schritte, damit ihr erfahren mögt, worüber er spricht. Er sagt zu euch: "Mein Freund, du bist überhaupt nicht frei; du bist im Gefängnis und liegst in Ketten. Folge mir und ich werde dir den Weg in die Freiheit zeigen. Nimm meine Hand und ich will dich dorthin führen."

"Es geschieht nichts, wenn ihr widerstrebt und sagt: "Nein, das stimmt nicht! Das Gefängnis ist die schönste Welt, die es gibt. Ich ziehe es vor, zu bleiben. Das Licht hier ist das einzige

Licht und, soweit es mich betrifft, gibt es solche Dinge wie Sonne, Mond oder Sterne nicht."

"Wie auch immer, früher oder später muß ein instinktiver Drang in euch entstehen, eine Sehnsucht nach der Seligkeit der Freiheit. Jedes menschliche Wesen hat bewußt oder unbewußt das Verlangen, frei und unter allen Umständen in Frieden zu sein. An irgendeinem Punkt geschieht der Durchbruch zwangsläufig.

"Die selbsterschaffene Schale des Ego muß aufbrechen, damit das Herz sich voll mitteilen kann.

"Aber das Ego kann nur aufgebrochen werden durch den Schmerz der Liebe. Wie der Keimling durchstößt, wenn die Schale des Samens aufbricht, so entfaltet sich das Selbst, wenn das Ego bricht und verschwindet. Wenn förderliche Bedingungen geschaffen werden, wird der im Samen angelegte Baum beginnen, sich als Gefangener in der Schale unbehaglich zu fühlen. Er sehnt sich danach, ans Licht zu gelangen und frei zu sein. Es ist dieser starke Drang des schlummernden Baumes, welcher die Schale aufbricht. Mit diesem Aufbrechen der äußeren Schale sind Schmerzen verbunden. Aber dieser Schmerz ist der Herrlichkeit des voll entwickelten Baumes gegenüber bedeutungslos. Ist der Keimling einmal durchgebrochen, hat die Schale keinen Wert mehr. Ebenso verliert das Ego all seine Bedeutung, sobald die Selbstverwirklichung erreicht ist.

"Sohn, wenn du glaubst, daß das Ego sehr wertvoll ist, dann darfst du es ruhig behalten. Aber auch du wirst einmal an die Reihe kommen. Dein verschlossenes Herz, dein Ego, kann nicht für immer geschlossen bleiben — es muß sich öffnen. Wie auch immer, mit Gewalt läßt sich diese Öffnung nicht erreichen.

"Denke nicht, die Welt werde verschwinden, wenn du einst egofrei geworden bist, nämlich dann, wenn das Ego in die Blume der Selbstverwirklichung umgewandelt wurde. Die Welt wird so, wie sie ist, bestehen bleiben. Aber du wirst sie anders wahrnehmen.

Eine neue Welt wird in dir erscheinen — eine Welt voller Wunder und himmlischer Schönheit wird sich dir enthüllen.

"Innerhalb der Knospe des Ego ist es eng und dunkel. Wenn die Schale nachgibt und die Blüte sich entfaltet, wird alles schön und ist durchflutet von herrlichstem Licht. Aus dem Dunkel gelangst du in das strahlende Licht, aus der Gefangenheit in die Freiheit, von der Unkenntnis zum echten Wissen. Damit ist diese Welt der Verschiedenheit verwandelt in vollkommenes Einssein. Das geschieht in deinem Inneren, nicht außen.

In der Gegenwart des echten Meisters geschieht es von selbst

Frage: "Amma, du sagst, dieses Öffnen könne nicht erzwungen werden. Was tut dann der Meister, um es zu bewirken?"

Mutter: "Ein echter Meister ist ein *Dabeisein*, die Anwesenheit von Göttlichem Bewußtsein. Er tut nichts. In seinem Beisein trifft alles einfach ein, ohne Anstrengung von seiner Seite. Bemühung kann nur dort sein, wo es ein Ego gibt. Ein wahrer Meister ist egofrei. Deshalb ist, was ihn anbelangt, keine Anstrengung mit im Spiel. Sogar die Gelegenheiten, die es dem Sucher erlauben, tief ins eigene Bewußtsein einzutauchen, entstehen in Gegenwart des Meisters spontan. So ist es — es kann nicht anders sein. Die Sonne macht keine Anstrengung, um ihr Licht zu leuchten; und doch kann sie nicht anders als zu leuchten. Eine Blume strengt sich nicht an um zu duften; Duften ist ganz einfach Teil ihrer Natur. Ein Fluß tut nichts, um zu fließen, er fließt von selbst. Alles ist so natürlich. Die Menschen kreieren unnatürliche Dinge, die Natur jedoch kann nur natürlich sein. Ebenso unternimmt der Meister nichts Spezielles, um eine geeignete Situation für euren Fortschritt zu schaffen. Schon seine bloße Gegenwart bewirkt, daß das Notwendige spontan eintritt. Seinerseits ist keine Bemühung beteiligt. Seine Anwesenheit schafft lediglich die förderliche Umgebung, in welcher der Vorgang des Öffnens eures Herzens geschehen kann. Genau so ist es.

"Die Sonne unternimmt nichts Besonderes, um die Lotosblume zum Blühen zu bringen. Die Sonne scheint einfach am Himmel und durch ihr schieres Vorhandensein öffnen sich alle Lotosblumen in den Teichen und Seen auf dieser Erde. Die Sonne tut nichts — sie scheint einfach. Keine Anstrengung ist beteiligt. Dem vergleichbar ist die Anwesenheit eines vollkommenen Meisters wie die strahlende Sonne, die den Lotos unseres Herzens blühen läßt. Es ist keine Frage von Kraft. Diese unendlich liebende und barmherzige Gegenwart hat die Macht, den Eisblock des Egos zu schmelzen. Das Ego schwindet und ein Strömen von höchster Liebe entsteht. Der Meister tut nichts dazu.

"Riesige Eisberge schmelzen durch die Hitze der Sonne. Die Eismassen auf den Gipfeln des Himalaja schmelzen und fließen in die Täler hinunter. Sie werden zu Flüssen und Strömen aus denen Menschen Wasser holen und in denen sie baden können. Die Gegenwart eines Satgurus kann mit Leichtigkeit unsere steinharten Egos schmelzen und ein wunderbares Fließen von universeller Liebe und Barmherzigkeit bewirken.

"Keinerlei Anstrengung ist in der Anwesenheit des Meisters am Werk. Er ist einfach da. In seinem göttlichen Beisein geschieht alles spontan. Die Erde zwingt uns nichts auf, ebensowenig die Sonne, der Mond oder die Sterne oder irgend etwas anderes in der Natur. Alles was ist, ist nichts als einfach da. Nur eigennützige, selbstsüchtige Menschen versuchen, sich gegenseitig Dinge aufzuzwingen.

"So lange ihr mit eurem Körper identifiziert seid, versucht ihr, die Dinge zu forcieren; seid ihr aber einmal über den Körper hinausgewachsen, könnt ihr nichts mehr erzwingen. Über den

Körper hinaus sein, körperlos zu sein bedeutet, daß ihr egofrei seid. Gewaltanwendung wird dann unmöglich.

"Weil die Sonne am Himmel steht, können auf Erden unzählige Dinge geschehen. Die Sonne ist die Energiequelle, welche die Schöpfung für ihr Dasein braucht. Ohne die Sonne und ihre Strahlen können Menschen, Tiere und Pflanzen nicht leben. Aber die Sonne zwingt niemandem etwas auf. Die Sonne ist — und alles passiert durch ihr schieres Vorhandensein.

Genauso ist es mit einem vollkommenen Meister. Die Sonne, die wir am Himmel sehen, ist nur eine kleine Manifestation des unendlichen Bewußtseins. Die Kraft der Sonne ist ein winziges Teilchen der gesamten kosmischen Energie. Der Meister jedoch ist *purnam* (das Ganze). Er ist das unbegrenzte Bewußtsein selbst. Alles, was für die menschliche Entwicklung notwendig ist, geschieht in seiner Gegenwart automatisch. Er braucht keine Kraft anzuwenden.

"Ein vollkommener Meister ist die Gesamtheit allen Lebens, offenbart in einer menschlichen Form. In seinem Beisein erfahrt ihr das Pulsieren des Lebens in seiner ganzen Intensität."

Alle Anwesenden waren völlig vertieft und aufmerksam, als Mutter sprach. Es war, als ob der Strom des Wissens direkt aus seiner Quelle flösse, so wie sich der heilige Ganges von den Gipfeln des Himalajas in die Täler ergießt und jedermann in seinen süßen, heiligen Wassern baden läßt. Wie sie still dasaßen und in Mutters strahlendes Gesicht blickten, glitten alle nach und nach in tiefe Meditation. Erst als Mutter einen *kirtan* anstimmte, wurden sie sich ihrer Umgebung wieder bewußt. Mutter sang das Lied '*Kodanukoti...*' und sandte damit glückselige Wellen höchster Liebe aus.

O ewige Wahrheit,
Seit Millionen von Jahren
Sucht die Menschheit nach Dir.

Die alten Weisen verzichteten auf alles;
Und mit dem Ziel, durch Meditation
Das Selbst fließen zu lassen,
In Deinen Göttlichen Strom,
Übten sie Buße, endlose Jahre.

Deine winzige Flamme,
Für alle unzugänglich,
Scheint wie die Lohe der Sonne;
Sie steht reglos, ohne Flattern,
Im grimmigen Wind eines Zyklons.

Die Blumen und Ranken,
Die Schreine und Tempel
Mit den jüngst errichteten heiligen Säulen,
Haben seit Äonen auf Dich gewartet,
Und doch bleibst Du unerreichbar.

Mutter verblieb eine Weile in Schweigen und blickte zum Himmel auf, bevor sie ihr süßes, tiefgründiges Gespräch fortsetzte.

Liebe kann nur sein wo kein Zwang ist

"Wahres Leben — richtige, bedeutungsvolle Lebensführung — ist fast ganz von der Erdoberfläche verschwunden. Die Menschen und die gesamte Gesellschaft sind mechanisch und gefühllos geworden. Handeln und Wetteifern haben überall die Oberhand. Das geht bis in die Familien hinein, wo eigentlich eine Stimmung tiefer Liebe und Fürsorge walten sollte, damit das Leben in seiner ganzen Fülle erfahren werden kann. Der Mensch, in seiner Selbstsucht und Gier, und mit seinem Mangel an Liebe und Mitgefühl, wurde zu einer herzlosen Maschine, die nur Zwingen und Beherrschen kennt.

"Das mechanische Gemüt des Menschen liebt es, Zwang anzuwenden. Wir haben uns an Selbstsucht, Wettbewerb, Zorn, Haß, Eifersucht und Krieg gewöhnt. Unsere Vertrautheit mit der Liebe ist nur oberflächlich. Wir kennen die negativen Neigungen besser und wissen nur zu zwingen und zu beherrschen. Zwang jedoch wird jede Möglichkeit zerstören, die Liebe wachsen zu lassen.

"Nur Zorn und Haß können zwingen. Nehmt Krieg als Beispiel. Krieg ist eine extreme Art der Gewaltanwendung. Krieg ist die Summe aller Wut, allen Hasses, aller Rachsucht und aller negativen Gefühle eines Volkes. Wenn das kollektive Gemüt eines Landes ausbricht wie ein Vulkan, nennen wir dies Krieg. Kriegsländer versuchen, sich gegenseitig ihre Ideen und Bedingungen aufzuzwingen.

"Liebe kann nicht zwingen, denn Liebe ist die Gegenwart von Reinem Bewußtsein. Und diese Gegenwart kann nicht zwingen — sie ist einfach da.

"Wirkliche Liebe wird erlebt, wenn keine Bedingungen da sind. Bedingungen zu stellen, heißt zu zwingen. Wo aber Liebe schwingt, kann nichts erzwungen werden. Bedingungen gibt es nur, wo Trennung ist. Zwang wird angewendet bei Dualität, bei einer Haltung von 'Du und Ich'. Ihr wendet Zwang an, weil ihr den anderen als von euch verschieden wahrnehmt. Zwang kann nicht vorkommen, wenn es nur Eins gibt. Allein die Idee von Zwang verschwindet in diesem Fall. Dann seid ihr einfach da. Die universelle Lebenskraft fließt, ihr seid ein geöffneter Durchgang. Ihr laßt das universelle Bewußtsein sich um euch kümmern. Ihr entfernt, was das Fließen behindert hat; ihr beseitigt die Sperren und erlaubt dem Strom der allumfassenden Liebe, seinen Lauf zu nehmen.

Wie die leuchtende Sonne und
der ewig wehende Wind

"Es ist, als ob ihr euch für lange Zeit in einen Raum eingeschlossen hättet; und nun, endlich, öffnet ihr alle Türen und Fenster. Ihr habt euch beklagt: "Warum ist kein Sonnenschein in diesem Zimmer? Und warum weht kein Lüftchen?" Jetzt hingegen erkennt ihr, was das Licht und die Luft behinderte. Die Sonne hat immer geschienen und der Wind immer geweht. Sie haben nie aufgehört. Als ihr im Zimmer mit den geschlossenen Türen und Fenstern gesessen habt, klagtet ihr immer und warft der Sonne und dem Wind vor, sie würden euch fernbleiben. Jetzt erkennt ihr, daß der Fehler ganz bei euch lag und nicht bei Sonne oder Wind. Deshalb öffnet ihr Türen und Fenster und erlaubt dem Wind und dem Licht einzudringen.

"Wenn ihr euch öffnet, werdet ihr sehen, daß die Sonne immer geleuchtet hat und daß der Wind immer geblasen und dabei den süßen Duft der Göttlichkeit mit sich getragen hat. Da sind keine Bedingungen und es wird keine Gewalt angewendet. Ihr erlaubt einfach dem Tor eures Herzens, das nie abgeriegelt war, sich aufzutun. Es war immer unverschlossen, aber in eurer Unkenntnis dachtet ihr, es sei zugesperrt.

"Die gängige Aussage ist: "Ich liebe dich." Statt dessen wäre es besser zu sagen: "Ich bin Liebe — ich bin die Verkörperung der Reinen Liebe." Streicht das Ich und Du, dann bleibt nur noch Liebe. Es ist, als ob Liebe zwischen Ich und Du gefangen wäre. Beseitigt das Ich und Du, denn sie sind unwirklich; sie sind selbsterrichtete Mauern, die es nicht gibt. Der Abgrund zwischen Ich und Du ist das Ego. Wird das Ego weggenommen, bleibt keine Entfernung und Ich und Du verschwinden. Sie gehen ineinander auf und werden Eins — und das ist Liebe. Ihr seid es, die dem Ich und Du ihre Wirklichkeit verleihen. Entzieht eure

Unterstützung und sie werden verschwinden. Dann werdet ihr erkennen, daß es nicht 'Ich liebe Dich' ist, sondern 'Ich *bin* diese allumfassende Liebe'.

"Kinder, immer wenn ihr durch eine schwierige Lebensphase gehen müßt, dann denkt für euch: "Ich erwarte von anderen keine Liebe, denn ich bin nicht jemand, der es braucht, von anderen geliebt zu werden. Ich bin die Liebe selbst. Ich bin eine unerschöpfliche Quelle von Liebe, die jedem, der zu mir kommt, immer Liebe geben wird, und nichts als Liebe."

"Die Gegenwart eines vollkommenen Meisters bedeutet die Anwesenheit von Göttlicher Liebe. Göttliche Liebe kann nicht zwingen, sie ist zu unserem Gewinn einfach vorhanden. Nicht einmal weltliche Liebe kann erzwungen werden; was kann dann schon über die Göttliche Liebe gesagt werden, die jenseits aller Begrenzungen ist?"

"Wenn zwei Menschen sich begegnen und sich verlieben, sprechen sie nicht über Dauer und Bedingungen, bevor sie sich zu lieben beginnen. Müßte zuerst ein solcher Austausch stattfinden, könnte Liebe nicht geschehen. Wenn Liebende sich sehen, fließen ihre Herzen spontan über und sie fühlen sich unwiderstehlich voneinander angezogen. Weder Zwang oder Anstrengung sind beteiligt noch Worte oder Bedingungen. Liebe geschieht, wenn ihr nichts forciert, wenn ihr voll gegenwärtig seid ohne das blockierende Gefühl von 'Ich und Mein'. Die geringste Gewaltanwendung wird die Schönheit der Liebe zerstören und sie kann nicht geschehen."

Kapitel 9

Fühlt den Schmerz der Leidenden

Eine Devotee, die aussah, als wäre sie sehr arm, betete diesen Morgen während des darshans mit Tränen in den Augen zu Mutter: "Amma, eine schreckliche Hühnerkrankheit breitet sich in unserem Dorf aus und meine eigenen Hühner sind angesteckt worden. Amma, bitte rette sie!"

Einem Brahmacharin, der neben Mutter saß, gefiel dies nicht. Er dachte: 'Welch dumme Klage! Heute ist die Hütte so überfüllt, warum können die Leute nicht gleich wieder gehen, wenn sie bei Mutter gewesen sind und müssen sie mit solch belanglosen Dingen belästigen?' Als dieser Gedanke durch seinen Verstand zuckte, warf Mutter, die damit beschäftigt war, die Frau zu trösten, ihm einen strengen Blick und sagte: "Lerne, die Sorgen und Gefühle der anderen zu verstehen." Der Brahmachari wurde blaß. Er war sprachlos als ihm klar wurde, wie Mutter ihn sofort ertappen konnte, indem sie seine Gedanken las.

In ihrer spontanen und zärtlichen Art tröstete Mutter die Frau. Sie gab ihr heilige Asche, die sie auf die Hühner streuen sollte. Die Frau lächelte erleichtert und verließ nach dem darshan glücklich die Hütte. Als die Frau gegangen war, drehte sich Mutter zu dem Brahmachari um und sagte: "Sohn, du kannst die Leiden dieser Tochter nicht verstehen. Hast du eine Ahnung von den Schwierigkeiten und der Not, durch welche die Leute in dieser Welt gehen müssen? Wenn du es wüßtest, hättest du ihre Klage nicht als dumm oder unbedeutend beurteilt. Du hast die Sorgen des Lebens nie gekannt. Nur wenn du selber Leid erfahren hast, bist du in der Lage, den Kummer zu verstehen, den diese Frau wegen ihrer Hühner hat. Mit dem Verkauf der Eier kann sie ihren Lebensunterhalt verdienen. Sterben die Hühner, ist kein Einkommen da und die Familie muß hungern. Diese Hühner bedeuten ihr alles — sie sind ihr ganzes Vermögen. Wenn Amma an das harte Leben dieser Frau denkt, kann sie deren Sorgen in keiner Weise als unbedeutend betrachten. Mit dem bißchen Geld, das sie durch den Eierverkauf sparen kann, besucht sie Amma ein- oder zweimal im Monat. Weil Amma um ihre Schwierigkeiten weiß, gibt der Ashram der Frau manchmal das Fahrgeld für den Bus. Sie hat ein schweres Leben, aber sieh ihre Selbsthingabe und ihre Liebe zu Amma. Versuche diese Einfachheit und Unschuld zu sehen und daraus zu lernen. Wenn Amma an solche Leute denkt, schmilzt ihr Herz, und sie kann ihre Tränen kaum zurückhalten. Diejenigen, welche immer genügend Nahrung hatten, um ihren Hunger zu stillen, können den Hunger eines darbenden Menschen nicht nachfühlen.

"Weißt du, Sohn, es gibt drei Arten von Menschen in dieser Welt. Da sind diejenigen, die nichts haben; dann gibt es solche, die gerade ihr Auskommen haben; und die dritte Art hat weit mehr als sie braucht. Wenn nun diejenigen der dritten Kategorie nichts tun, um jenen der ersten beiden Kategorien zu helfen, dann meint Amma, daß diejenigen der dritten Kategorie, die als reich gelten, eigentlich die Ärmsten der Armen sind. Diejenigen, die mehr haben als sie brauchen, sollten Augen haben, welche die Not der anderen sehen können; sie sollten Ohren haben, welche die Hilferufe der Notleidenden hören; sie sollten ein liebendes Herz haben, das Mitgefühl empfindet für diejenigen, welche leiden, und sie sollten offene Hände haben, um Bedürftigen beizustehen. Kinder, hört auf die verzweifelten Hilferufe! Niemandes Schmerz ist unbedeutend. Um sorgenvolle Worte wirklich zu hören, braucht ihr ein mitfühlendes Herz, ein Herz, das es euch ermöglicht, die Leiden anderer so zu sehen und zu fühlen, als wären es eure eigenen. Versucht, auf ihre Ebene hinunterzukommen und fühlt die Schwingungen ihrer schmerzenden Herzen. Wenn ihr dies nicht könnt, sind alle spirituellen Übungen, die ihr praktiziert, eine nutzlose Zeit verschwendung."

Mutters machtvolle Worte bewirkten, daß der Brahmachari voll Reue war. Mit Tränen in den Augen bat er um Vergebung des Fehlers, den er begangen hatte.

Seit dem Beginn des darshans hatte ein junger Mann gespannt auf Mutter geblickt. Er war ein Universitätslektor aus Nagpur. An dem Tag, als er im Ashram ankam, war er in großer Eile gewesen und hatte gesagt: "Ich gehe nur zu Ammas darshan, und dann fahre ich wieder. Sobald ich in Nagpur zurück bin, habe ich einige dringende Dinge zu tun." Aber etliche Tage waren schon vorüber, und er befand sich noch immer im Ashram. Mutter sagte zu den anderen Devotees: "Jeden Tag kommt er und teilt Amma mit: 'Ich reise heute ab,' und jeden Tag gibt Amma ihm die Erlaubnis zu gehen. Amma sagt zu ihm: "Also gut, Sohn, gehe und komm wieder. Aber er geht nie."

Der Universitätslektor sprach nicht Malayalam und konnte nicht verstehen, worüber Mutter redete. Weil aber jedermann auf ihn blickte, nahm er an, daß Mutter von ihm sprach. Ein Devotee kam ihm zu Hilfe und übersetzte, was Mutter eben gesagt hatte. Er antwortete: "Ich gehe überhaupt nicht. Wozu also von Gehen und Zurückkehren sprechen?" Lächelnd gab Mutter zurück: "Aber Amma kennt auch den Trick, dich wegzujagen."

Alle lachten.

Während der darshan weiterging, sangen die Brahmacharis 'Prema Prabho Lasini....'

> *O Göttin*
> *Die Du unsterbliche Glückseligkeit genießt*
> *Die im Glanz der Liebe schwelgt*
> *Von Deinem blumengleichen Lächeln*

Strömt das Licht der Glückseligkeit aus..

Du bist die Eine
Die mit den Wellen des Stromes
Der unsterblichen Glückseligkeit
Diejenigen liebkost, welche nach dem Weg suchen
Für ein Leben frei von der Angst vor Sünde.

Deine Lotosfüße
Kostbar eingehüllt ins
Licht des Höchsten Selbst
Gewähren Heiligkeit
Indem sie die Bindung ans Werden lösen

Mögest Du jenes untilgbare Licht werfen auf mich,
Dessen Herz sich vor Dir niederbeugt
Damit ich in der Universellen Seele aufgehen darf.

Das Gefühl der Bindung

Ein Brahmachari stellte eine Frage. "Amma, die Schriften sagen, die Empfindung von 'Ich und Du' sei unwirklich, es sei eine selbsterrichtete Mauer, die nicht existiere und der wir selbst ihre Wirklichkeit verleihen würden. Wenn es unwirklich ist, und alles ist eins, warum fühle ich dann den Unterschied?"

Mutter: "Es ist deine Unkenntnis über dein Einssein mit dem Ganzen, welche den Unterschied bewirkt. Es gibt wirklich keine Bindung, da steht keine Mauer trennend zwischen Dir und Deiner göttlichen Natur. Die Mauer, oder Bindung, ist eine vom Gemüt geschaffene Täuschung. Beseitige die Täuschung, dann wird gleichzeitig Dein Gemüt beseitigt."

"Da war ein Kuhhirt, der jeden Morgen die Kühe auf die Weide führte und sie am Abend wieder in den Stall zurückbrachte.

Bevor er sich zur Nachtruhe begab, sah er nach, ob alle Kühe richtig an die Pfosten angebunden waren. Eines Abends fehlte der Strick einer Kuh. Nun war der Junge in einem Gewissenskonflikt. Er konnte die Kuh nicht unangebunden lassen, weil sie vermutlich weglaufen und sich verirren würde; es war aber zu spät, um einen neuen Strick kaufen zu gehen, weil es schon Nacht geworden war. Der Hirte holte sich Rat beim verantwortlichen Mönch. Dieser sagte zu ihm: "Da gibt es nichts zu befürchten. Geh einfach zu der Kuh zurück, stelle dich neben sie und tue so, als ob du sie anbinden würdest. Sorge dafür, daß die Kuh dich dabei sieht, und das wird genügen. Die Kuh wird bleiben, wo sie ist."

"Der Junge ging zum Kuhstall zurück und tat, was der Mönch empfohlen hatte. Er gab vor, die Kuh an den Pfosten zu binden. Als er am nächsten Morgen zurückkehrte, sah er zu seinem Erstaunen, daß die Kuh die ganze Nacht über völlig ruhig geblieben war. Er band wie üblich alle Kühe los und schickte sich an, mit ihnen zur Weide zu gehen. Da bemerkte er, daß die Kuh mit dem fehlenden Strick immer noch neben dem Pfosten lag. Er versuchte, sie mit Zureden zum Gehen zu bringen, aber sie rührte sich nicht von der Stelle. Der Hirte war verblüfft. Nochmals holte er Rat beim Mönch. Dieser hörte ihm zu und lächelte. "Sieh, mein Kind," sagte er, "die Kuh denkt eben immer noch, daß sie angebunden sei. Weil gestern der Strick fehlte, hast du vorgegeben, du bindest sie an. Heute morgen hast du alle außer dieser einen losgebunden. Du hast gedacht, es sei nicht nötig, weil sie ja gar nicht angebunden war. Die Kuh glaubt aber immer noch, daß sie am Pfosten angebunden sei, weil du ihr das gestern vorgetäuscht hattest. Nun mußt du einfach zurückgehen und vorgeben, daß du sie befreist." Der Junge ging zur Kuh zurück und tat, als binde er sie los. Sofort stand die Kuh auf und rannte hinter der Herde her.

"Wir sind in einer ähnlichen Lage. Die Bindung, oder die Trennungsmauer, ist von uns selbst geschaffen. Die Mauer wurde vom Ego gemacht, aber das Ego ist auch unwirklich — es ist eine Täuschung, die keine eigene Existenz hat. Das Ego scheint wirklich zu sein, wegen der Kraft, die es vom Atman schöpft. Es wird vom Atman belebt. Das Ego kann mit toter Materie verglichen werden, denn ohne das Selbst ist es leblos. Hört auf, das Ego wichtig zu nehmen. Lernt, es zu übersehen. Dann wird es sich zurückziehen und verschwinden. Wir geben dem unwirklichen Ego seine Wirklichkeit. Stellt es bloß, und das wird das Ende sein.

"Wegen unserer Unkenntnis glauben wir, daß wir gebunden seien, so wie die Kuh, während wir in der Tat völlig frei sind. Man muß uns allerdings davon überzeugen. Wenn unsere Unkenntnis über unsere wahre Natur, über unsere Freiheit, beseitigt ist, verschwindet auch die Bindung.

"Amma kennt einen Mann, der lange Zeit in Ketten gelegen hat. Er war geisteskrank und in einer Irrenanstalt untergebracht gewesen. Schließlich wurde er nach Hause entlassen. Dort mußten sie ihn in ein Zimmer einsperren und ihm die Hände binden, weil er oft gewalttätig wurde und Menschen angriff. Nach langen Jahren der Behandlung wurde er endlich gesund. Aber noch heute kann man beobachten, daß er seine Hände immer hinter dem Rücken hält, als wären sie angebunden. Als Amma ihn sah, erzählte er ihr, daß er nach dieser langen Zeit weiterhin das Gefühl hat, seine Hände seien hinter dem Rücken zusammengebunden. Wenn jemand ihm eine Tasse Tee anbietet, oder wenn er sich anschickt zu essen, hat sein Gemüt Schwierigkeiten, seine Hände zu bewegen. Er benötigt ein paar Sekunden, bis er sich erinnert, daß seine Hände nicht länger hinter seinem Rücken gebunden sind. Gelegentlich muß mn ihm sagen, daß seine Hände frei sind. Seine Hände sind frei, aber er muß daran erinnert werden. Es besteht keine wirkliche Bindung; es ist nur eine selbstauferlegte Bindung.

"Mit uns ist es dasselbe. Solange ein Gefühl von Bindung da ist, brauchen wir die Hilfe eines vollkommenen Meisters, der uns den Weg zeigen und zu uns sagen kann: "Schau, du bist überhaupt nicht gebunden. Du bist der allmächtige Atman, das Selbst. Komm aus der Täuschung heraus und schwinge dich auf in die Himmel des Höchsten Bewußtseins." Der Meister gibt vor, er löse das Seil, das euch an den Pfosten der weltlichen Objekte und Vergnügungen bindet. Ist die Illusion einmal beseitigt, erkennt ihr, daß ihr immer in diesem Bewußtsein gewesen und nie und nimmer davon abgeschweift seid.

"Die Führung eines vollkommenen Meisters und seine Gegenwart sind das Licht, welches euren Weg erhellt. Seine Gegenwart hilft euch, die selbsterrichtete Mauer des Egos zu sehen. Indem ihr die täuschende Natur eurer Bindung erkennt, kann diese leicht beseitigt werden. Euer falsches Verständnis von eurer Beziehung zu Menschen, zur Welt und zu den Objekten der Welt schaffen die Bindung.

Eine Einheit— nicht eine Beziehung

Frage: "Amma, sagst du, daß Beziehungen Bindung bewirken?"

Mutter: "Ja, eine Beziehung schafft Bindung, wenn richtiges Verständnis und Unterscheidungskraft fehlen. Aber die Wahrheit ist, daß eine Beziehung nur solange sein kann wie es die Wahrnehmung gibt, daß da zwei sind. Wenn einst die Verwirklichung des Selbst geschieht, kann eine Beziehung nicht in Frage kommen, weil die zwei verschwinden. Von diesem Punkt an gibt es nur noch Einssein, und völlige Loslösung.

"Wenn alle Gefühle der Zweiheit verloren gehen, verschwinden auch die Beziehungen. Zwei Individuen, Familien oder

Nationen können eine Beziehung pflegen, aber wenn alles Eins ist, kann keine Beziehung mehr bestehen. Dann ist da nur noch Eins, ein allumfassendes Bewußtsein.

Beziehungen binden, während vollkommene Kenntnis des Selbst von aller Bindung befreit. In einer Beziehung seid ihr wie ein gefangener Vogel. Selbstverwirklichung läßt euch aus dem Käfig des Egos wegfliegen in die Freiheit.

"Der Körper und seine verschiedenen Teile, die nur verschieden erscheinen, sind in Wirklichkeit Eins, eine Einheit. Die Arme, Beine, Augen, Nase, Ohren und alle inneren Organe sind Teil des Ganzen. Es ist eine Einheit, ein Körper — nicht eine Beziehung. Ebenso sind die Zweige, Blätter, Blüten und Früchte eines Baumes alles Teile des einen ganzen Baumes. Man kann es nicht eine Beziehung nennen.

"Wenn die selbstgebaute Mauer des Egos niedergerissen ist, werdet ihr erkennen, daß die dualistische Natur der Welt nur eine äußere Erscheinung ist und in seinem Wesenskern alles ein Ganzes, eine einzige Einheit bildet.

"Der äußeren Welt wird viel zu viel Gewicht beigemessen, während die innere Welt verkannt wird. Dies trägt dazu bei, daß unsere Unkenntnis noch verdichtet wird. Der Graben zwischen uns und unserem wahren Selbst vergrößert sich, wenn wir unsere Beziehung zur Außenwelt zu sehr betonen und daneben die innere Welt mißachten."

Mutter hörte auf zu sprechen und forderte die Brahmacharis zum Singen auf. Sie stimmten 'Sukhamenni Tirayunna....' an:

Du, der du suchst
Nach Glück überall,
Wie willst du es finden
Ohne deine Eitelkeit abzulegen?
Bis nicht die Mitfühlende,
Die Mutter des Universums,

In deinem Herzen scheint
Wie kannst du glücklich sein?

Das Gemüt
In welchem Hingabe für Shakti,
Die Höchste Kraft,
Nicht lebt
Ist wie eine Blume ohne Duft.

Solch ein Gemüt muß
Im Elend torkeln
Wie ein Blatt
Wirbelt in den Wellen
Des ruhelosen Ozeans.

Bleibe nicht hängen in den Fängen
Des Geiers, bekannt als Schicksal
Verehre das Selbst in Abgeschiedenheit
Erwarte die Früchte nicht mehr
Deiner Taten
Verehre die Form des Universellen Selbst
In der Blüte deines Herzens.

Beschuldigt nicht die Umstände

Als das Lied beendet war, fuhr Mutter fort zu sprechen.

"Menschen haben eine natürliche Neigung dazu, die Lebenssituationen zu beschuldigen. Wir beklagen uns immer über die Umstände, indem wir die Welt für unsere Leiden, Trauer und Tränen verantwortlich machen. Unsere Gewohnheit zu klagen und der äußeren Welt Vorwürfe zu machen wegen der Umstände, die sie schafft, stammt aus der Unkenntnis unserer wahren Natur, daß wir das Selbst (Atman) sind. Der Atman ist jenseits aller Begrenzung und unberührt von allem, was uns geschieht, sei es gut oder schlecht.

"Ein Mann spazierte in einem Mangohain. Unverhofft fiel eine faule Mango auf seinen Kopf und zerplatzte. Der rötliche Saft der Mango klebte auf seinem Kopf und lief an seinen Backen herunter. Der Mann war wütend und begann, die Mango und den Mangobaum zu verdammen und auch den Vogel, der an der Frucht gepickt hatte; aber letztendlich verfluchte er sogar das Gesetz der Schwerkraft persönlich! Ist es nicht närrisch, so etwas zu tun? Wir würden uns zur Zielscheibe des Spotts machen. Von einer höheren Bewußtseinsstufe aus gesehen ist es aber genau das, was wir immerzu machen.

"Wenn wir einen Augenblick über dieses Beispiel nachdenken, kommen wir zum Schluß, daß die Situation als solche überhaupt nicht beschuldigt werden kann. Ist es nicht absurd, das Gesetz der Schwerkraft zu verfluchen? Oder den Baum und den Vogel? Und wie sollte sich das Gesetz der Schwerkraft verändern? Ob faul oder nicht, eine Mango wird nie aufwärts fallen. Sie muß hinunterfallen, weil es ein Naturgesetz ist. Reife Mangos fallen entweder von selbst vom Baum oder manchmal, weil ein Vogel daran pickt. Niemand, nicht einmal jemand mit geringer Intelligenz, würde dafür einen Vorwurf erheben. Die Situation so zu sehen, wäre eindeutig falsch. Wenn wir dereinst fähig sind, tiefer und subtiler wahrzunehmen und lernen, anzunehmen was das Leben bringt, werden wir entdecken, daß das Leben außerordentlich schön ist.

"Beschuldigt nicht die Umstände und beschuldigt nicht die anderen. Beseitigt eure eigenen Schwächen. Euer Versagen und eure verletzten Gefühle, eure Ängste und Schwierigkeiten entstehen alle wegen der Schwächen in euch selbst. Solche Schwächen existieren aufgrund der Unkenntnis. Ihr identifiziert euch mit euren Gedanken, die auf einem völligen Mißverständnis beruhen.

147

"Die folgende Geschichte wird helfen, die täuschende Natur der Welt zu verstehen. Die Pandavas luden ihren Vetter Duryodhana und seine Brüder ein, noch einige Tage länger in Indraprastha, dem königlichen Sitz der Pandavas, zu verweilen, nachdem das *rajasuya yajna* (ein königliches Wohltätig-keitsfest) zelebriert worden war. Duryodhana stimmte zu. Eines Morgens besichtigten sie den schönen Palast, der sehr gekonnt geplant worden war. In einer der Hallen war der Fußboden so poliert und durchsichtig, daß er wie ein kleiner See mit gekräuselter Oberflä-che aussah. Duryodhana und seine Brüder ließen sich davon so täuschen, daß sie sich auszogen, um in dem See zu schwimmen. Als Draupadi und Bhima das sahen, lachten sie, denn da waren weder See noch Wasser vorhanden. In einem anderen Gebäude dachten die Brüder, der Boden sei ein normaler Fußboden und betraten ihn, ohne einen Moment zu zögern. Aber hier befand sich inWirklichkeit ein See, auch wenn es nicht so erschien. Die Brüder schritten einfach voran und fielen spritzend ins Wasser. Sie waren völlig durchnäßt. Der ganze Palast war so intelligent entworfen, daß Duryodhana und seine Brüder völlig irregeführt wurden.

"Dies kann mit der Welt verglichen werden. Die ganze Welt ist vom Schöpfer so phantastisch entworfen und verziert worden, daß wir uns sehr leicht täuschen lassen, wenn wir uns nicht vorsichtig darin bewegen. Jeden Schritt sollten wir mit Wachsamkeit tun.

"Einige Stellen, Situationen und Erfahrungen mögen normal, harmlos und wunderbar aussehen. Schaut aber genau hin, seid wachsam, denn was ihr an der Oberfläche seht, ist vielleicht nur ein Überzug. Schönheit und Liebreiz mögen nur hauchdünn sein und unter dem schön dekorierten Äußeren kann große Gefahr lauern.

"Ein andere Stelle, Lage oder Erfahrung mögen gefährlich wirken, ihr werdet vielleicht einen lauten Schrei ausstoßen und viele Vorsichtsmaßnahmen treffen, wenn ihr euch dem aussetzen müßt. Es könnte sich aber als etwas sehr Normales herausstellen oder sogar etwas Aufbauendes sein. Solche Dinge geschehen im Leben. Mehr als tausendmal werden wir genarrt und getäuscht, und doch lernen wir unsere Lektion nicht. Sogar nach unzähligen Täuschungen rennen die Leute vielen Dingen nach. Dies ist die außergewöhnliche Macht der *Maya*.

"Die Welt ist nicht das Problem. Das Problem liegt in uns selbst. Deshalb seid wachsam; das wird euch die Dinge klarer sehen lassen. Wachsamkeit gibt euch ein durchblickendes Auge und Gemüt, damit ihr nicht getäuscht werden könnt. Langsam wird sie euch näher zum wahren Wesen bringen, zur Seligkeit des Atman.

"Seligkeit ist unsere wahre Natur, nicht Kummer. Aber irgend etwas ist mit uns geschehen. Alles ist auf den Kopf gestellt worden. Glück ist eine eigenartige Stimmung geworden, während Kummer als etwas Natürliches betrachtet wird.

"Es gibt einen alten Musiker, der oft den Ashram besucht. Er ist ein sehr glücklicher Mann, der immer lacht, Witze erzählt und sich gerne mit den Leuten unterhält. Immer ist er fröhlich. Wenn die anderen sehen, wie glücklich er ist, werfen sie ihm vor, er sei geistig nicht normal. Amma kennt diesen Sohn sehr gut. Er ist vollkommen normal, eine gutherzige Seele. Aber seine Freude wirkt auf andere befremdlich. Wenn jemand glücklich ist, werden die Leute sofort mißtrauisch. Sie wollen wissen, warum dieser Mensch so glücklich ausschaut, so als ob es etwas Unnatürliches wäre. Nur wenn wir traurig sind, denkt man von uns, wir seien 'normal.' Deshalb sagt Amma, alles sei verdreht worden. Welch ein Jammer! Menschen, die im Grunde fröhlich und harmonisch sind, denken, daß Glück unnatürlich und Schmerz oder Kummer der Normalzustand seien."

Als der darshan dem Ende entgegenging, sangen die Brahmacharis noch ein Lied, '*Asa Nasi Katora...*'

O Gemüt,
Du bist ein geschäftiger Hafen der Begehren
Immer angestoßen durch ihr Strömen
Paß auf, ertrinke nicht
Im tiefen Ozean der Trauer;
Mach Arati vor Atman und
Richte deine Aufmerksamkeit gezielt auf's Selbst.

Hüte dich,
Wenn du so fortfährst
Ohne richtigen Halt
Wirst du am Ende fallen
Und voller Reue sein.

Wenn du Ewige Seligkeit erstrebst
Wenn du Befreiung begehrst
Dann meditiere,
O Gemüt, meditiere auf deine eigene Quelle
Meditiere auf den inneren Ozean der Seligkeit
Gib deine dämonischen Eigenschaften auf
Und folge den Lehren der Heiligen Gesänge.

Kapitel 10

Eine heilende Berührung

Ein junger Mann saß auf der Veranda des alten Tempels, den Kopf zwischen die Knie gelegt. Mutter kam zufällig vorbei, und als sie ihn dort sitzen sah, ging sie zu ihm hin. Der junge Mann war völlig in Gedanken verloren und gewahrte deshalb Mutters Anwesenheit nicht. Liebevoll klopfte Mutter auf seine Schulter und sagte: "Sohn." Der Mann blickte auf und war bestürzt, die Heilige Mutter vor sich stehen zu sehen. Ein Ausdruck tiefer Qual lag in seinen Augen. Mutter lächelte ihn an, strich sanft über seine Brust und sagte: "Zorn......Zorn ist Gift. Du solltest ihn beherrschen." Schock zeigte sich auf seinem Gesicht. Er verdeckte es mit seinen Händen und begann zu weinen. Mutter betrachtete ihn, und ihre mütterliche Zärtlichkeit floß über. Sanft zog sie seinen Kopf an ihre Schulter und indem sie ihn streichelte, sagte sie: "Sohn, sorge Dich nicht. Alles kommt in Ordnung, Mutter wird sich um alles kümmern."

Der Mann war sehr jähzornig und an jenem Tag hatte er einen großen Streit mit seiner Frau gehabt. Schließlich hatten sich seine Eltern eingemischt. Sie stellten sich auf die Seite seiner Frau, weil sie ein unschuldiges Opfer seiner häufigen Angriffe war. Daß seine Eltern sich einmischten, steigerte seine Wut. Er schrie sie an und benahm sich respektlos. Es war kein einzelnes Vorkommnis. Wegen seiner unbeherrschten Wut ereigneten sich solche Szenen oft bei ihm zu Hause. Nachträglich bedauerte er seinen Fehler immer und entschuldigte sich zu guter Letzt bei Frau und Eltern. Aber immer und immer wurde er von diesen schrecklichen Stimmungen gepackt. Schließlich, nach dem

Zwischenfall an diesem speziellen Tag, rieten ihm die Nachbarn, langjährige Devotees von Mutter, zu ihr zu fahren und sie zu sehen. Deshalb kam er her, um Mutter zu begegnen. Heute ist er ein völlig verwandelter Mensch. Derselbe Mann, welcher wegen seiner unbeherrschten Wut ein Schrecken für seine Familie war, ist jetzt ein liebevoller, besorgter Gatte, Sohn und Vater. Die ganze Familie kommt mindestens einmal pro Woche zu Besuch, um Mutters Segen zu erhalten.

Er erzählte: "Nachdem Amma das erste Mal meine Brust berührt hatte, spürte ich, daß etwas sehr Schweres von meinem Herzen weggenommen wurde. Diese Berührung beseitigte das Gift des Zorns in mir. Vorher war das Leben meiner Familie ein Alptraum gewesen. Nun ist mein Haus durch Mutters Gnade in eine Wohnstätte von Frieden und Glück verwandelt worden. Meine ganze Familie verehrt nun Amma und ist ihr ergeben."

Zahllose ähnliche Ereignisse geschehen um Mutter herum. Millionen von Leben wurden durch ihre Gnade verwandelt. Mutter aber bleibt ein einzigartiges Beispiel völliger Demut und Einfachheit, obwohl sie das Leben unzähliger Menschen wundersam verändert und viele Herzen heilt.

Wie Furcht überwunden wird

Etwa um vier Uhr nachmittags, während alle vor dem alten Tempel zusammensaßen, stellte ein junger Jurist Mutter eine Frage. "Amma, es scheint, daß Furcht als selbstverständlich zur menschlichen Existenz gehörend betrachtet wird. Menschen ängstigen sich wegen Arbeit und Sicherheit der Familie, vor anderen und vor der Gesellschaft, und überhaupt wegen allem. Der Mensch hat eine ganze Welt der Furcht um sich herum geschaffen. Wie konnte das geschehen? Was ist die Ursache und wie können wir diese Ängste überwinden, welche von innen her alle Schönheit des Lebens aushöhlen?"

Mutter: "Damit kommen wir zum Thema Unkenntnis zurück. Unkenntnis über die wahre Existenz in Gott, oder Atman, ist der Grund jeglicher Art von Furcht. Das äußere Leben eines Menschen — egal, was er zum Wohl seiner körperlichen Existenz unternimmt — sollte in Übereinstimmung mit seiner inneren Existenz geführt werden. Es sollte ein vollkommenes Gleichgewicht da sein. Wenn der Mensch seinem Körper mehr Bedeutung zumißt — wie er es heutzutage tut — und seine Seele vernachlässigt, wird er besorgt und ängstlich und klammert sich leidenschaftlich an falsche Sicherheiten.

"Einst lebte ein großer Meister, der von Hunderttausenden von Menschen aus aller Welt verehrt wurde. Alle staunten über seine Reinheit, seine Unschuld und die Tiefe seiner Weisheit. Er verwandelte viele Leben durch die Schönheit seiner Lehren und durch die Liebe und Mitgefühl, die er zeigte. Aus Neugier pflegten ihn seine Schüler und Devotees zu bitten, daß er ihnen die Quelle seines Wissens und seiner Reinheit enthüllen möge. Der Meister sagte jeweils nur: "Es ist alles im Buch enthalten, das ihr erben werdet, wenn ich meinen Körper verlasse."

"Eines Tages verließ der Meister seinen Körper. Wenige Tage später begannen die Schüler nach dem Buch zu suchen, von dem er gesprochen hatte, und sie fanden es. Zwischen den Buchdeckeln befand sich eine einzige Seite, und nur ein einziger Satz war darauf niedergeschrieben. Der lautete: "Meine Lieben, erkennt den Unterschied zwischen Behälter und Inhalt, dann wird wahres Wissen in euch aufgehen, das alle Furcht und Dunkelheit vertreibt."

"Kinder, das Geheimnis liegt im Wissen, daß der Körper der Behälter ist und daß der Inhalt, die Seele, vom Behälter verschieden ist. Die Milch ist verschieden vom Krug, in dem sie aufbewahrt wird. Der Krug ist nicht die Milch und die Milch ist nicht der Krug. Selbsterkenntnis wird alle unnötigen Ängste, die eure Leben umklammern, ausmerzen.

"Als menschliche Wesen brauchen wir Nahrung, Kleidung und eine Unterkunft. Das ist verständlich. Diese drei Dinge sind die Hauptsorge unseres Körpers und wir sind sehr um sein Wohlbehagen besorgt. Aber was ist der Körper? Woher kommt er? Welche Macht zeigt sich durch ihn und bewirkt, daß wir ihn so sehr lieben? Wenige überlegen sich dies oder beschäftigen sich damit. Die Menschen glauben, der Körper sei alles, und es gebe nichts jenseits der körperlichen Existenz. Diese Haltung bindet sie außerordentlich an den Körper und seine Sicherheit.

"Eure Bindung an den Körper bewirkt Furcht vor allen Dingen in eurem Leben. Je mehr eure Bindung an den Körper wächst, desto mehr wächst auch das Ego, und damit verbunden wächst gleichzeitig eure Furcht. Bindung an den Körper bindet euch ans Ego, denn ihr glaubt, euer Körper sei das Kostbarste, was ihr besitzt. Ihr schützt ihn vor allem, was ihn in irgendeiner Art schädigen könnte. Ihr denkt, die körperliche Sicherheit sei die einzige Sicherheit im Leben.

Welch ein Jammer! Wir verstehen nicht, daß die Existenz des Körpers von der Seele abhängt.

"Die Natur von beiden, Körper und Seele, muß richtig verstanden werden. Der Körper unterliegt einem dauerndem Wechsel, während die Seele unveränderlich ist. Ohne die unveränderliche Seele als Grundlage könnte der veränderliche Körper nicht existieren. Der ewig wechselnde Körper vergeht, während die unveränderliche Seele unvergänglich ist. Die unvergängliche Seele ist die Lebenskraft; sie ist die Pfahlwurzel, welche den Baum des Körpers nährt.

"Unser Problem ist, daß wir dem äußerlichen, manifestierten Körper zuviel Bedeutung beimessen und das unmanifestierte

Selbst, die Quelle unserer Existenz, völlig übersehen. Wir könnten vernünftig zu uns selber sagen: "Ich sehe nur den Körper und keine Seele, deswegen nehme ich den Körper so wichtig. Wie kann ich an eine Seele glauben, die unsichtbar ist?" Das wäre das gleiche wie: "Ich kann nur den Baum sehen, wie soll ich da an eine Wurzel glauben, die ich mit dem bloßen Auge nicht sehen kann?" Selbst die unintelligenteste Person würde keine solche Aussage machen.

"Nehmen wir an, ihr blickt auf das unendliche Meer. Ihr seid entzückt über die Aussicht und ihr denkt: "Wie wundervoll ist dieser unendliche Ozean! Er ist so unvorstellbar tief und weit." Aber ihr könnt nur die Oberfläche sehen — die Welt unterhalb der Oberfläche und den Meeresgrund könnt ihr nicht sehen. Wäre es nicht unweise, wenn ihr sagen würdet, die Welt unter der Oberfläche und den Meeresgrund gebe es nicht, nur weil sie von eurem Standort aus zufällig nicht zu sehen ist? Das Vorhandensein der Oberfläche allein genügt, um die Existenz des darunterliegenden Bodens zu beweisen. Ohne tragenden Grund kann das Meer nicht existieren. Der Grund aber kann auch ohne Wasser vorhanden sein.

"Um die Welt unter dem Wasserspiegel und den darunter liegenden Grund zu sehen und zu erleben, müßt ihr unter die Oberfläche gehen. Ihr müßt tief ins Meer tauchen. Dementsprechend müßt ihr über den Körper hinausgehen und tief ins eigene Selbst eindringen, wenn ihr die Seele erkennen wollt.

"So wie wir ein Gefühl des Staunens haben, wenn wir auf die Weite des Meeres blicken, sollten wir beim Betrachten der Natur und ihrer unendlichen Manifestationen ein Gefühl von Ehrfurcht und Wunder empfinden können. Dann würden wir nie argwöhnisch bezweifeln, daß die innere Lebenskraft als die einzige Grundlage der manifestierten Welt existiert.

"Des Menschen Furcht kommt aus der Unkenntnis seiner eigenen Seele, welche die Lebenskraft und die Grundlage seiner Existenz bildet. Er glaubt, daß er sich nur um seine körperliche Existenz sorgen sollte, und daß das Leben sich ausschließlich um den Körper dreht, und nichts anderes. Dies ist seine Vorstellung vom Leben — wirklich, sein ganzes Leben ist auf diesem Mißverständnis aufgebaut. Gibt er einmal dem Körper und dem Ego seine ganze Aufmerksamkeit, dann ist der nächste Schritt der Kampf um seine Sicherheit. Er errichtet eine Festung von falschen Sicherheiten um sich. Er klammert sich an sein Haus, denn das ist eine Form von Sicherheit; sein Arbeitsplatz oder Geschäft ist eine andere; seine Stellung in der Gesellschaft noch eine weitere; dann kommen seine Familie und seine zahllosen Besitztümer. Er denkt, das Leben bestehe aus dem Festhalten an diesen äußeren 'Sicherheiten', und daß es ohne diese und ohne seinen Körper und sein Ego keine Existenz gibt. Ihm zufolge kann das ganze Leben in zwei Worte gefaßt werden: 'Körper' und 'Bindungen'. Dies ist nicht sein Fehler, denn für ihn ist Existenz und Existenz des Körpers dasselbe. Und seinem Körper zuliebe braucht er alle diese falschen Sicherheiten. Armer Mensch, er hat das innere Leben vollständig vergessen.

"Wahres Leben entwickelt sich von innen. Wirklich zu leben heißt, daß die Seele sich durch alle Gedanken, Worte und Handlungen ausdrückt. Wer erst einmal die Natur der unvergänglichen Seele versteht, wird furchtlos.

"In jenem Stadium jedoch ist er nur vertraut mit dem vergänglichen Körper, der ihn zunehmend ängstigt und ihn immer näher an den Tod heranbringt, der seine größte Furcht ist.

"Der Tod wird alles, was er hat, an sich reißen und zu seinem Eigentum erklären. Der Tod ist die größte Drohung für ein menschliches Wesen. Niemand will sterben. Allein das Erwähnen des Todes verursacht schreckliche Angst. Aber der Tod ist eine Erfahrung wie jede andere."

Wenn Mutter spricht, bekommen die Worte Flügel, als ob sie sich aufschwingen und den Zuhörer mitnehmen möchten. Ihre Worte und Ausdrucksweise klingen nicht so, als ob sie von einer Person, einem Individuum, stammen würden. Sie hallen wieder als kämen sie aus einer tiefen Höhle, aus einer uralten, unbekannten Quelle. Mutters Worte sind wie ein Fahrzeug, das die Zuhörer zu den höheren Bereichen der spirituellen Welt bringt.

Mutter stimmte das Lied 'Marikkatta Manushyarundo...' an.

Gibt es jemand, der nie stirbt?
Wann ist der Augenblick wo Verlangen endet?
Wir sind auf diese Erde geboren
Wir werden versengt vom Leid
Dann sterben wir
Um wiedergeboren zu werden.

Obwohl der Mensch lernt zu lachen
Welch innere Größe hat er,
Wenn er fürchtet den Tod?

Obwohl geboren als menschliches Wesen
Welchen Glanz hat das Menschenleben
Wenn Todesfurcht nicht vergeht!

Alles geschieht vom Schicksal beschlossen
Aber wer schafft dies Schicksal?
Nie führt diese Welt zum Glück
Erkennen wir erst diese Wahrheit
Dann verzichten wir auf alles.

Kapitel 11

Die allwissende Mutter

Es war beinahe Mitternacht. Mutter spazierte im Kokos-
-palmenhain vor dem Ashram herum. Manchmal stand sie still
und blickte nach Osten, als ob sie die Ankunft von jemandem
erwartete. Brahmacharini Gayatri und die ersten Brahmacharis
schlugen verschiedentlich vor, daß Mutter zu Bett gehen solle.
Mutter lehnte dies höflich ab und blieb im Kokospalmenhain.
Einige Minuten nach zwölf traf eine große Familie im Ashram
ein. Sie waren alle höchst erfreut, Mutter zwischen den Palmen
zu sehen. Mutter rief sie zu sich und begann mit ihnen zu sprechen, nachdem sie ihre Liebe und Zärtlichkeit für die Familie in
ihrer einzigartigen mütterlichen Weise ausgedrückt hatte. Nun
verstanden die Brahmacharis, warum Mutter im Hain geblieben
war und nicht auf ihr Zimmer hatte gehen wollen.

Die Familie hatte Quilon um acht Uhr abends verlassen
und gehofft, sie würden Mutter sehen, wenn sie um neun Uhr
im Ashram ankämen. Aber auf dem Weg hatte der Wagen eine
Panne und so wurde es sehr spät, bis ein Mechaniker gefunden
und die Reparatur gemacht war. Sie beschlossen, nach Quilon
zurückzukehren und Mutter an einem anderen Tag zu besuchen.

Aber der fünfjährige Sohn war außerordentlich enttäuscht
und sagte immer wieder, er wolle Mutter in dieser Nacht sehen.
Er bestand so sehr darauf, daß die Familie schließlich seinem
Wunsch nachgab und die Fahrt zum Ashram fortsetzte. Sie
hätten nie gedacht, Mutter zu so später Nachtstunde noch sehen
zu können. Ihr einziger Wunsch war, einige Minuten in der
Ashramatmosphäre zu verweilen und dann gleich nach Quilon

zurückzukehren. Zu ihrer großen Überraschung sahen sie bei der Ankunft Mutter, die vor dem Ashram stand, als ob sie die Familie erwarte.

Sie hatten einige ernste Probleme. Ihre schmerzenden Herzen wurden alleine durch den Anblick von Mutter schon leichter. Die mitfühlende Mutter aber sprach mehr als zwei Stunden lang mit ihnen.

Morgens um vier Uhr dreißig hatte Mutter gerade ihr Bad beendet und spazierte wiederum im Freien auf und ab. Sie wirkte frisch und strahlend. Ein Brahmachari näherte sich ihr und bat: "Amma, warum gehst du nicht und ruhst dich ein wenig aus? Heute ist ein Devi Bhava Tag, wo du überhaupt nicht zur Ruhe kommst."

"Sohn", antwortete Mutter, "man sollte während des *archanas* nicht schlafen. Das würde ein schlechtes Beispiel geben. Am Morgen während des archana sollte der ganze Ashram wach sein und belebt werden von der spirituellen Energie, die das Singen verbreitet. Zu dieser Zeit sollte überhaupt kein *tamas* vorhanden sein."

Der Brahmachari sagte: "Aber, Amma, du selbst bist doch jenseits von allem. Du bist Devi selbst. Du bist völlig losgelöst und von allem unberührt."

Mutter erwiderte: "Sohn, wenn Amma um diese Zeit nicht aufstünde würdest du auch nicht aufstehen. Es würde die Disziplin im Ashram beeinträchtigen und jedermann würde tun, wie es ihm beliebt. Wenn Amma kein gutes Beispiel gibt und nicht vorlebt, was gepredigt wird, fühlt sich niemand angeregt, die Regeln zu befolgen."

"Aber, Amma, wird deine Gesundheit nicht leiden, wenn dein Körper sich nicht ausruhen kann?" fragte der Brahmachari. Er weinte beinahe, als er sprach.

Mutter klopfte ihm zärtlich auf die Schulter und sagte: "Sorge dich nicht um Amma." Auf ihren Körper zeigend sagte sie weiter: "Dieser kümmert sich um sich selbst. Amma kam nicht in diese Welt, um ihren Körper zu schonen. Amma sorgt sich nicht, was mit dem Körper geschieht — er soll seinen natürlichen Weg gehen. Amma will alles opfern für die Entwicklung ihrer Kinder und für das Wohl der Welt. Ihr solltet strikt eurem Tagesplan folgen und versuchen, vom Zugriff des Egos frei zu bleiben. Das genügt. Sohn, alles was diesen Körper und seine Existenz in dieser Welt betrifft, wird von Amma entschieden. Da sind ein Ziel und ein Zweck zu erfüllen. Erst wenn das erreicht wurde, wird dieser Körper gehen."

Mutter äußerte die letzten drei Sätze so, als ob sie aus einer anderen Welt sprechen würde. Der Brahmachari blieb eine Weile einfach stehen und blickte unverwandt auf dieses unbeschreibliche Phänomen, das Mutter ist. Dann ging er zur Meditationshalle weiter, wo das archana eben begonnen hatte.

Kapitel 12

Der Tod ist nur ein Wechsel

Mutter saß mit einigen Brahmacharis am Backwater im Mondlicht. Mond und Sterne waren wie Juwelen am nachtblauen Himmel verstreut.

Ein Brahmachari stellte Mutter eine Frage. "Amma, was verursacht den Schmerz und die Furcht vor dem Tod?"

Mutter: "Der Todesschmerz rührt vom Gedanken her, daß der Tod alles zerstören wird, was du hast, woran du gebunden bist und woran du dich klammerst. Dieses Anklammern verursacht den Schmerz. Wenn du nur all deine Bindungen loslassen könntest, dann würde der Todesschmerz sich umkehren in eine Erfahrung der Seligkeit. Beim Tod verlierst du alles, was du als dein Eigentum betrachtest. Alles, was dir lieb und teuer ist, deine Familie, die Liebe und das Lachen derer, die dir nahestehen, diese schöne Welt mit ihren kostbaren Schätzen — alles wird sich auflösen und verschwinden. Allein der Gedanke daran erschüttert dein ganzes Wesen. Du willst den Tod vergessen, weil du Angst hast, in Vergessenheit zu geraten und nicht mehr zu existieren. Es tötet deinen Enthusiasmus und betäubt dich vor Angst. Deshalb willst du überhaupt nicht darüber nachdenken.

Frage: "Amma, ich habe dich sagen hören, der Tod sei eine Erfahrung wie jede andere. Was meinst du damit?"

Mutter: "Geburt und Tod sind zwei unausweichliche Erfahrungen. Wenn ihr einmal über den Tod hinausgeht, geht ihr auch über die Geburt hinaus. Ein Mensch, der Geburt und Tod als völlig natürlich betrachten kann, so wie jede andere Erfahrung im Leben, kann ein glückliches und seliges Leben führen. Er sieht das ganze Leben mit all seinen Erfahrungen, guten und schlechten, als ein Spiel an. Er wird sich über nichts beklagen und mit niemandem oder wegen keiner Situation nörgeln. Solche Menschen werden immer ein natürliches Lächeln auf ihrem Gesicht haben, sogar in den schlimmsten Lebenssituationen. Worte oder Taten von anderen können sie weder verletzen noch ärgerlich machen. Sie befinden sich in einer entspannten gefaßten Stimmung und erfreuen sich des Lebens mit der Neugier und Unschuld eines Kindes.

"Gleich wie andere freudige Momente im Leben kann auch der Tod ein freudiges Ereignis sein. Normalerweise jubeln die Menschen, wenn ein Kind geboren wird, aber sie weinen, wenn ein Tod eintritt. Beide, Geburt und Tod, sind normale Übergänge. Aber dies kann nur erfahren werden, wenn man über das Ego hinausgeht und das Selbst verwirklicht.

"Wenn ein Kind geboren wird, findet ein Übergang statt. Es bleibt nicht dort stehen. Das Kind wächst; er oder sie durchläuft im Leben verschiedene Stadien oder Abschnitte. Der Körper formt sich um, vom Kind zum Teenager, zum jungen Erwachsenen; dann kommt das mittlere Alter und schließlich das Greisenalter. Und der Vorgang der Umwandlung geht weiter. Der Tod tritt ein, was eine weitere Transformation ist. Das ist normal; es ist nichts falsch daran. Ihr solltet lernen, den Tod als einen normalen Übergang zu sehen, so wie die anderen Wechsel des Körpers. Die Geburt ist nicht der Anfang des Lebens und der Tod nicht das Ende. Anfang und Ende sind nur relativ.

"Wenn ein Kind geboren wird, denken wir, es sei der eigentliche Anfang des Lebens. Aber das Leben selbst ist weder zuerst noch zuletzt, neu oder alt; es hat nie begonnen und es hört nie auf. Leben ist ein anderer Name für Gott. Leben, das vom Körper abhängt, ist bekannt als *jivatman* und, wenn dasselbe Leben frei ist von allen Bedingungen, ist es der *Paramatman*. So ist Leben ein anderer Name für den Atman, oder Brahman. Leben ist ohne Anfang und ohne Ende.

"Eine neue Geburt ist deshalb nicht der Beginn der Existenz. Ihr könnt es einen Neubeginn nennen oder eine weitere Gelegenheit, die Reise zur wahren Quelle der Existenz fortzusetzen. Geboren zu werden ist wie die Rückkehr des gleichen Inhalts in einer anderen Verpackung.

"Der Tod ist keine vollständige Vernichtung. Er ist eine Unterbrechung. Es ist dasselbe wie mitten im Lied auf den 'Pause'-Knopf auf einem Tonbandgerät zu drücken. Wenn man später wieder drückt, wird der 'Pause'-Knopf gelöst, und das Lied geht weiter. Der Tod ist nur eine Zeit der Vorbereitung, bevor ein anderes Leben beginnt. Ihr entfernt nur die Verpackung, um mit dem gleichen Inhalt ein neues, frisches Paket zu machen.

"Geburt und Tod sind die beiden Hauptgeschehen im Leben, zwei intensive Erfahrungen. Sobald ihr erkennt, daß Geburt und Tod weder der Anfang noch das Ende sind, wird das Leben unendlich schön und glückselig.

"Die Erfahrungen werden immer wechseln, aber der innere 'Erfahrende' — das Selbst, Gott, oder Leben, ist unveränderlich. Diese Wahrheit muß erkannt werden. Der Erfahrende, welcher die Grundlage aller Erfahrung, sogar von Geburt und Tod, ist, bleibt immer der gleiche — er ist unvergänglich und unveränderlich. Der Erfahrende begleitet euch durch alle eure Erfahrungen. Dies ist die Wahrheit, die nicht durch Zeit oder Raum verändert werden kann.

"Geburt und Tod sind nur relativ. Aus letzter Sicht sind sie nicht wirklich. Wie jede andere Lebenserfahrung sind sie zwei Ereignisse, durch die jeder Mensch hindurchgehen muß. Und sie sind bei weitem die intensivsten Erfahrungen, die wir machen. Wegen ihrer Intensität hat die Natur eine Methode ersonnen, durch welche man diese zwei Hauptereignisse vergißt. Wegen der

Stärke dieser Erfahrungen ist es für den gewöhnlichen Menschen schwierig, während seiner eigenen Geburt und seines eigenen Todes bewußt zu bleiben. Geburt und Tod sind zwei Lebensstadien, in denen man vollständig hilflos ist. Während der Zeit im Mutterleib und wenn es aus dem Mutterleib herauskommt, ist das Kind hilflos. Für einen sterbenden Menschen gilt das gleiche. Bei beiden Erfahrungen ist das Ego so weit in den Hintergrund gewichen, daß es machtlos ist. Kinder, ihr wißt nicht, was während und nach dem Tod mit euch geschieht. Ihr müßt furchtlos sein und voll bewußt, damit ihr für die Erfahrung offen seid. Ihr könnt sie nicht machen, wenn ihr Angst habt und verschlossen seid. Nur diejenigen, welche genügend Tiefe haben, furchtlos sind und sich ununterbrochen in einem Zustand der Bewußtheit, der vollen Wachheit, befinden, können die Seligkeit des Todes erleben.

"Nehmen wir an, ihr habt starkes Bauchweh; der Schmerz ist euch in diesem Fall bewußt. Oder der Körper spürt sofort, ob Wasser heiß oder kalt ist. Das Leid beim Tod eures Vaters oder die Freude über die Geburt eines Kindes werden vom Gemüt direkt erlebt. Ebenso reagiert euer Intellekt sofort, wenn ihr von anderen mit Lob oder Beleidigungen überschüttet werdet. Diese direkte Erfahrung des Gemütes ist nicht möglich bei Geburt und Tod. Und dies ist der Grund, warum wir Geburt und Tod nicht als gewöhnliche Erfahrungen betrachten.

"Selbstverständlich wird die Todeserfahrung zu einem gewöhnlichen Erlebnis, sobald ihr die Fähigkeit habt, bewußt und wachsam zu sein, während ihr durch sie hindurchgeht. Dann werden Geburt und Tod euch nicht stören; bei beiden Gelegenheiten könnt ihr lächeln. Der Tod ist keine befremdliche Erfahrung mehr für euch. Allerdings ist dies nur möglich, wenn ihr mit eurem wahren Selbst vereinigt seid.

Frage: "Amma, aus welchem Grund besteht diese Abwesenheit der direkten Erfahrung während der Geburt und während des Todes?"

Mutter: "Mangel an Bewußtsein ist der Grund. Der Stand unseres Bewußtseins ist sehr niedrig. Wegen unserer törichten Bindungen an die Welt, die durch unser falsches Verständnis entstehen, führen wir ein beinahe unbewußtes Leben, obwohl wir uns bewegen und atmen.

"Sobald diese Bindungen aufgegeben sind, wird der Tod zu einer seligen Erfahrung. Als Ergebnis der Erkenntnis, daß ihr nicht der Körper seid, sondern das Höchste Bewußtsein, wird das ganze Zentrum eurer Existenz ins Selbst verlegt. Ihr werdet erwachen und erkennen, daß ihr geschlafen hattet, und daß die Welt und alle mit ihr verbundenen Erfahrungen nur ein Traum war, nur ein Spiel, von dem ihr träumtet. Ihr werdet lachen, wenn ihr dieses köstliche Spiel des Bewußtseins betrachtet. Über alle die Farben werdet ihr lachen. Wie ein Kind, das die Farben des Regenbogens sieht, sich mit Staunen in den Augen freut und glücklich lacht, so könnt auch ihr erleben, daß ihr vor Freude lacht, sogar im Angesicht des Todes, denn der Tod ist nur ein anderes Spiel der Farben, eine andere Tönung im Regenbogen des Lebens.

"Wenn ihr diesen Zustand erreicht habt, gehen alle Erfahrungen wie Glück und Leid, Beleidigung und Lob, Hitze und Kälte, Geburt und Tod, einfach durch euch hindurch. Ihr bleibt außerhalb des Geschehens, als der 'Erfahrende', der Urgrund aller Erfahrung, und ihr beobachtet alles wie ein verspieltes Kind.

"Kinder, lernt, alles bewußt zu tun. Kein einziger Atemzug sollte geschehen, ohne von euch wahrgenommen zu werden. Seid euch jeder einzelnen eurer Bewegungen bewußt. Dies wird euch langsam voll bewußt machen, sogar im Tod.

"Um das Stadium der völligen Einheit mit dem Höchsten zu erreichen, muß man sich selber verlieren. Dies, allerdings, ist die größte Angst: Daß wir uns verlieren könnten. Denn sich zu verlieren wäre eine Art zu sterben, und wer möchte sterben? Jedermann will leben. Um das Leben aber voll zu leben, müssen wir lernen, das Leben von Grund auf zu lieben und alles andere gehen zu lassen. Lernt, das Leben mit offenen Armen anzunehmen, indem ihr eure Bindungen aufgebt. Laßt alles fahren, woran ihr euch klammert, alles Bedauern, alle Ängste und Sorgen. Dieses Loslassen ist auf keinen Fall ein Verlust, es ist der größte Gewinn, den es gibt. Es bringt das ganze Universum zu euch, und ihr werdet Gott."

Kapitel 13

Den Blinden Einsicht geben

Ein junger Mann, der von Geburt an blind war, befand sich im Ashram. Seit er angekommen war, hatten sich die Brahmacharis um ihn gekümmert und die Sorge für alle seine Bedürfnisse übernommen. Sie brachten ihm das Essen und standen ihm sogar bei, wenn er seinen menschlichen Bedürfnissen nachkommen mußte.

Heute kamen mehr Menschen als erwartet zu Mutters darshan. Aus diesem Grunde waren Reis und Curry, die für das Mittagessen gekocht worden waren, sehr rasch ausgegangen, bevor alle gegessen hatten. Man war daran, ein zweites Mal zu kochen. Die Brahmacharis waren mit Arbeit überlastet und vergaßen deshalb, den blinden Mann zum Mittagessen aus seinem Zimmer zu holen. Als sie die Unterlassung bemerkten, rannte ein Brahmachari sofort hin, um ihn zu holen. Der blinde Mann kam jedoch bereits mit Hilfe eines Devotees die Treppe herunter. Der Brahmachari entschuldigte sich und erklärte, was geschehen war. Er sagte: "Bitte vergeben Sie mir. Ich war im Speisesaal so mit der Essensverteilung beschäftigt, daß ich vergaß, Sie abzuholen."

Aber der blinde Mann war nicht besänftigt. Er fühlte sich verletzt und unglücklich. "Ich habe Geld bei mir", sagte er. "Ich kann jederzeit von außerhalb des Ashrams Essen erhalten, wenn ich dafür bezahle." Mit diesen Worten kehrte er mit Hilfe des Devotees zu seinem Zimmer zurück.

Der Brahmachari beachtete dieses aufgebrachte Verhalten nicht, denn er dachte, daß der Mann nur aus Hunger so reagiert hatte. Er brachte ihm einige Früchte und legte sie vor ihn hin, indem er sagte: "Das Mittagessen wird in wenigen Minuten bereit sein. Ich werde ihnen ihr Essen bringen. Bitte nehmen sie in der Zwischenzeit von diesem Obst." Der Mann war jedoch immer noch verärgert und lehnte die Früchte, die ihm angeboten worden waren, glatt ab.

Irgendwie kam das Mutter zu Ohren. Sie betrat kurz danach das Zimmer des blinden Mannes. Sie blickte streng auf den Brahmachari und sagte: "Welch ein shradda zeigst du da? Warum hast du ihm sein Essen nicht zur rechten Zeit gebracht? Weißt du nicht, daß dieser Sohn blind ist und nicht alleine die Treppe hinuntergehen kann. Falls du dachtest, es brauche zu viel Zeit, um ihn zu holen, hättest du ihm seinen Teller ins Zimmer bringen können. Was nützt es, spirituelle Praktiken zu üben, wenn du kein Mitgefühl hast für jene, die hilflos sind wie dieser Sohn?"

"Kinder, laßt keine einzige Gelegenheit vorübergehen, ohne anderen zu dienen. Niemand sollte geduldig warten müssen, um unsere Hilfe dann zu erhalten, wann es uns paßt. In Büros und an anderen Arbeitsplätzen erledigen die Menschen ihre Pflichten laut Zeitplan. Sie werden für die Arbeit bezahlt und das ist der Grund, weswegen sie arbeiten. Aber das ganze Leben eines *sadhak* (spiritueller Aspirant) ist dazu bestimmt, anderen zu dienen. Die Belohnung wird nicht als monatliches Gehalt empfangen. Eure Belohnung kommt in der Form von einem reinen Gemüt und von Gottes Gnade. Nur weil ihr keine unmittelbare Entschädigung erhaltet, solltet ihr nicht das Gefühl haben, es sei nicht so wichtig, oder eure Arbeit könne ein wenig verschoben werden. Jede Gelegenheit anderen zu dienen, muß bestmöglich genutzt werden und die Arbeit sollte mit größter Liebe und Sorgfalt ausgeführt werden. Nur dann wird sie wahrer Gottesdienst. Wahrer Dienst bedeutet, denen, die hilflos sind, beizustehen und sich zu bemühen, ihre Bedürfnisse und Gefühle zu verstehen."

Mutter strich über den Rücken des blinden Mannes und fragte ihn: "Sohn, warst du traurig? Die Brahmacharis waren sehr beschäftigt im Speisesaal, deswegen haben sie dich nicht zur richtigen Zeit holen können. Zudem ist der Brahmachari, welcher dir normalerweise hilft, heute nicht da. Er übergab die Aufgabe einem anderen Brahmachari, welcher die Verantwortung für die Essensverteilung im Speisesaal hat. Denk nicht, es sei absichtlich geschehen. Sohn, du solltest lernen, beweglicher zu sein und dich an die Umstände anzupassen, wo immer du dich befindest. In einem Ashram braucht man Geduld. Solange du hier bist, solltest du bereit sein, hie und da ein kleines Opfer zu bringen. Auf diese Art wirst du Gottes Gnade erhalten.

"Sohn, deine Blindheit ist nicht wirklich ein Problem. Denke daran, daß du näher bei Gott bist, oder deinem wahren Selbst, als die meisten Menschen mit äußeren Augen. Es stimmt, daß du die Welt nicht sehen kannst, aber du kannst Gott mehr spüren als jemand mit normalem Sehvermögen, vorausgesetzt du hast das richtige Verständnis und shradda. Ein Mensch mit äußeren Augen entfernt sich zu sehr von Gott, von seiner wahren Natur, dem Atman, weil er zu viel in der Welt der Objekte herumreist. Denke also nicht, du seiest unglücklich. Lerne mit dem Leben zurechtzukommen. Habe mehr Toleranz und Geduld. Dies wird dir sicherlich helfen, innen und außen Gottes Gegenwart zu spüren. Sohn, es gibt Millionen von Menschen, die in tiefstes Leid und Verzweiflung gestürzt sind, obwohl sie Augen haben, mit denen sie die Welt sehen können. Aber es gibt auch Menschen, die glücklich und zufrieden sind, obwohl sie nicht sehen können. Surdas, der große Devotee von Lord Krishna, hatte kein Augenlicht; aber er führte ein völlig zufriedenes Leben, weil er weise genug war, die wichtigen Grundsätze des Lebens zu verstehen. Durch seine Liebe und Hingabe an den Herrn entwickelte er sein inneres Auge, und das machte ihn völlig glückselig, sogar ohne die äußeren Augen."

Der junge Mann vergoß Tränen, als er Mutters Worten zuhörte. Er schluchzte wie ein kleines Kind. Die Brahmacharis und einige der anwesenden Devotees konnten ihre Tränen auch nicht zurückhalten. Derartig war die intensive Liebe, die Mutters Worte belebte.

Mutter rieb zärtlich den Rücken des jungen Mannes und wischte mit ihren Händen seine Tränen ab. Sie erkundigte sich: "Sohn, hast du etwas gegessen?" Er schüttelte den Kopf und sagte mit erstickter Stimme: "Aber ich bin schon gesättigt durch deine Gegenwart und das Hören deiner Worte. Ich bin überhaupt nicht mehr hungrig. Mein Herz ist so voll mit der Freude deiner nektargleichen Worte."

Mutter forderte einen Brahmachari auf, ihm das Essen zu bringen. Als dieser mit einem Teller voll Reis und Curry zurück- kehrte, wurde der blinde Mann neben Mutter gesetzt und sie begann, ihn mit ihren eigenen Händen zu füttern. Sie gab ihm Reisbällchen, genau so, wie eine Mutter ihr kleines Kind füttern würde, geduldig wartend, bis es das Essen schluckt. In dieser Weise gab sie ihm zu essen, bis der Teller leer war. Die wenigen, welche dabeistanden und die Szene beobachteten, waren tief gerührt, weil sie die reine, göttliche Liebe, die aus Mutter floß, in sich aufnahmen. Leise fingen alle an zu singen *'Kannilengillum....'*

Heute habe ich meinen Liebling Krishna gesehen
Den Geliebten von Radha
Nicht mit diesen Augen
Aber mit dem inneren Auge.

Ich habe den Dieb der Gemüter gesehen
Schönheit in Person
Der göttliche Musiker
Ich habe meinen Gott des Einsseins gesehen.

War er so blau wie das Meer?
Hatte er eine Pfauenfeder
Die seine Locken schmückte?
Ich kann's nicht sagen
Aber ich sah seine barmherzige Form
Durch den Klang seiner Flöte.

OM SHANTI SHANTI SHANTI

Glossar

ARATI: Am Ende eines Gottesdienstes wird einer heiligen Persönlichkeit - oder der Gottheit in einem Tempel - ein Licht dargebracht in Form einer Schale mit brennendem Kampfer. Diese wird kreisend geschwenkt und dazu wird eine kleine Glocke geklingelt. Der Kampfer läßt keine Asche zurück, was die völlige Aufgabe des Egos symbolisiert.

ARCHANA: Eine Form des Gottesdienstes, bei welcher die 108 oder 1000 Namen einer Gottheit psalmodiert werden.

ARJUNA:: Der dritte der fünf Pandava Brüder (Söhne von König Pandu). Ein großer Bogenschütze und einer der Helden des Mahabharata. Er war Krishnas Freund und Jünger. Es ist Arjuna, zu welchem Sri Krishna in der Bhagavad Gita spricht.

ATMAN:; Das wahre Selbst. Einer der grundlegenden Lehrsätze des Sanatana Dharma (Hinduismus) ist, daß wir nicht der physische Körper, die Gefühle, der Verstand, der Intellekt oder die Persönlichkeit sind. Wir sind das ewige, reine, unbefleckte Selbst.

AUM: Heilige Silbe. Uranfänglicher Klang oder Schwingung, Brahman und die gesamte Schöpfung darstellend. Aum ist das Hauptmantra; es wird oft dem Anfang anderer Mantren vorangestellt.

BHAJAN: Andachtsvolle Lieder oder Lobgesänge.

BHAVA SAMADHI: Völliges Eintauchen des Gemütes in Gott durch Hingabe.

BRAHMA: Derjenige Aspekt Gottes, der mit der Schöpfung verbunden wird.

BRAHMACHARI (NI): Ein lediger Jünger, der spirituelle Disziplinen übt und von einem Guru geführt wird.

BRAHMAN:: Die Absolute Wirklichkeit; das Ganze; das Höchste Sein jenseits aller Namen und Formen, welches alles umfaßt und durchdringt, welches Eins und unteilbar ist.

DARSHAN:; Der Empfang durch eine heilige Persönlichkeit oder die Vision einer Gottheit.

DEVI: Die Göttin

DEVI MAHATMYAM: Ein sehr alter Lobgesang auf die Göttliche Mutter.

DHARMA: "Das, welches das Universum bewahrt." Dharma hat viele Bedeutungen wie: das Göttliche Gesetz, das Lebensgesetz, in Übereinstimmung mit der göttlichen Harmonie, Rechtschaffenheit, Religion, Pflicht, Verantwortung, Tugend, Gerechtigkeit, Güte und Wahrheit. Dharma bezeichnet die inneren Grundsätze der Religion. Das dharma des Menschen ist, seine eingeborene Göttlichkeit zu verwirklichen.

GURUKULA: Der Ashram eines Guru mit Schulunterricht, wo die Schüler durch Studium und Dienst grundlegendes spirituelles und weltliches Wissen gewinnen.

JIVATMAN: Die individuelle Seele.

KALI: Ein Aspekt der Göttlichen Mutter. Aus dem Blickwinkel des Ego betrachtet, mag sie furchterregend sei, denn sie zerstört das Ego; aber sie zerstört das Ego und wandelt uns nur aus ihrem unermeßlichen Mitgefühl heraus. Ein Devotee weiß, daß sich hinter ihrer grimmigen Fassade die liebende Mutter befindet, die Ihre Kinder beschützt und Ihnen die Gnade der Befreiung gewährt.

KAMSA: Der dämonische Onkel von Lord Krishna, der von Krishna getötet wurde.

KANNA: "Der mit den schönen Augen." Ein Kosenamen für Krishna als Kleinkind. Krishna wird manchmal als das Göttliche Kind verehrt.

KESHAVA: "Der mit dem langen, schönen Haar." Einer von Krishnas Namen.

KIRTAN: Hymne.

KRISHNA: Die wichtigste Inkarnation von Vishnu. Er wurde in einer königlichen Familie geboren, wuchs aber mit Pflegeeltern auf und lebte als junger Kuhhirte in Vrindavan, wo er von seinen ihm ergebenen Gespielen, den Gopis und Gopas, geliebt und verehrt wurde. Er war ein Vetter und Berater der Pandavas, besonders von Arjuna, welchem er die Lehren Bhagavad Gita vermittelte.

LEELA: "Spiel." Die Bewegungen und Aktivitäten des Göttlichen, welche von Natur aus frei sind und nicht unsere Naturgesetzen unterliegen.

MADHAVA: "Der, welcher so süß ist wie Honig."

MAHABHARATA: Ein Epos aus dem alten Indien, geschrieben vom Heiligen Vyasa. Es dreht sich um die Familienfehde der Pandavas und der Kauravas, alles Vettern von Krishna, welche in einem katastrophalen Krieg endete.

MAHATMA: Große Seele oder großer Weiser.

MANTRA: Heilige Formel – oder Gebet – welche unaufhörlich wiederholt wird. Dadurch werden die schlafenden spirituellen Fähigkeiten geweckt und das Gemüt wird gereinigt. Es hilft das Ziel zu erreichen und ist am wirkungsvollsten, wenn man es während einer Einweihung von einem Meister erhielt.

MAYA: "Täuschung." Der göttliche "Schleier," mit welchem Gott sich bei seinem Spiel der Schöpfung verbirgt und den Eindruck der Vielheit bewirkt, womit er die Täuschung der Trennung schafft. Weil Maya die Wirklichkeit verhüllt, führt sie uns in die Irre, indem sie uns glauben macht, daß Vollkommenheit und Zufriedenheit außerhalb von uns selbst gefunden werden können.

MOKSHA: Befreiung. Erlösung vom Kreislauf von Geburt und Tod.

MUDRA: Heiliges Zeichen mit der Hand oder Geste, die mystische Wahrheiten darstellt.

NARAYANEEYAM: Die Geschichte von Lord Krishnas Leben, von einem großen Devotee geschrieben: Narayana Bhattatiri von Kerala

PADA PUJA: Die Verehrung der Füße von Gott, von dem Guru oder von einem Heiligen. Wie die Füße den Körper tragen, so trägt das Guru-Prinzip die Höchste Wahrheit. Die Füße des Gurus stellen somit die Höchste Wahrheit dar.

PANDAVAS: Die fünf Söhne von König Pandu und Helden des Mahabharata.

PARAMATMAN: Die Höchste Seele oder Gott.

POOTANA: Ein weiblicher Dämon. Sie versuchte, das Kleinkind Krishna zu töten, indem sie ihm ihre vergiftete Brust reichte. Statt dessen starb sie, weil das Göttliche Kind die Lebenskraft aus ihr saugte.

PRASAD (AM): Geweihte Gaben, die am Ende eines Gottesdienstes verteilt werden.

PURNAM: Vollständig oder vollendet

RAJASUYA YAGNA: Ein vedisches Opferritual das von Königen ausgeführt wird.

RAMA: Der Göttliche Held im Epos, Ramayana. Eine Inkarnation von Vishnu; gilt als Ideal der Rechtschaffenheit.

RAMAYANA: "Das Leben von Rama.." Eine der größten indischen Erzählungen. Schildert das Leben von Rama, der eine Inkarnation von Vishnu war. Geschrieben vom Heiligen Valmiki.

RISHIS: (rsi = wissen, kennen) Selbstverwirklichter Seher. Bezieht sich meistens auf die sieben Rishis des alten Indiens, d.h. selbstverwirklichte Seelen, welche die Höchste Wahrheit "sehen" konnten und diese Erkenntnis in den Veden niederschrieben.

SADHAK: Spiritueller Aspirant.

SADHANA: Spirituelle Übungen.

SAMADHI: (sam = mit; adhi = der Herr. Einheit mit Gott.) Ein Zustand tiefer, zielgerichteter Konzentration, in dem alle Gedanken sich legen und das Gemüt in völlige Stille gleitet. Man ruht im Atman (Selbst), wo nur noch Reines Bewußtsein ist.

SANKALPA: Ein schöpferischer, integraler Beschluß. Das Sankalpa eines Vollendeten Wesens wird unausweichlich das angestrebte Ergebnis bringen.

SANNYASI (NI): Einer, der ein formales Gelübde des Verzichts machte. Ein Sannyasi trägt traditionellerweise die ockerfarbenen Tücher, welche zeigen sollen, daß alle Anhaftung verbrannt wurde.

SATGURU: Ein Gott-Verwirklichter spiritueller Meister.

SHAKTI: Die Universelle Mutter; der dynamische Aspekt von Brahman.

SHANTI: Frieden

SHIVA: "Der Gunstvolle; der Gnädige; der Gütige." Eine Form des Höchsten Wesens. Das männliche Prinzip; der statische Aspekt von Brahman. Shiva ist auch der Aspekt der Dreifaltigkeit im Zusammenhang mit der Zerstörung des Universums, der Zerstörung dessen, was nicht Wirklich ist.

SHRADDHA: Sorgfalt, Aufmerksamkeit, Glaube

SISHYA: Schüler.

SITA: Gefährtin von Rama. Gilt in Indien als die ideale Frau.

SLOKA: Vers.

SRIMAD BHAGAVATAM: Eine von 18 Schriften, bekannt als Puranas, die von den Avataren von Vishnu handeln; besonders und sehr ausführlich wird das Leben und die Kindheit Krishnas geschildert. Die Haltung der Hingabe wird hervorgehoben.

TAPAS: "Hitze." Selbstdisziplin, Buße und Selbstopferung; spirituelle Übungen, welche die Unreinheiten des Gemütes verbrennen.

UDDHAVA GITA: Ein Gespräch zwischen Lord Krishna und Seinem großen Devotee Uddhava. Im Srimad Bhagavatam enthalten.

VASANAS: (Von "vas" = leben, bleiben) Vasanas sind die versteckten Neigungen oder subtilen Wünsche im Gemüt, die sich in Handlungen und Gewohnheiten ausdrücken wollen. Vasanas sind das gesammelte Resultat der Eindrücke von Erfahrungen (samskaras), die im Unbewußten vorhanden sind.

VEDANTA: "Veda-Ende." Die Philosophie der Upanishaden, die Zusammenfassung der Veden. Vertritt, daß die endgültige Wahrheit "Eins und unteilbar" ist.

VEDEN: "Wissen, Weisheit." Die alten heiligen Schriften des Hinduismus. Eine Sammlung heiliger Texte in vier Teilen: Rig, Yajur, Sama und Atharva Veda. Gesamthaft 100.000 Verse und zusätzlich Prosa. Der älteste Teil wurde um 6000 BC komponiert und zwischen 2000 - 500 BC in Sanskrit niedergeschrieben. Sie gehören zu den ältesten Schriften der Welt. Die Veden werden als direkte Enthüllung der Höchsten Wahrheit betrachtet, die Gott den Rishis gewährte.

VISHNU: "Der All-Durchdringende." Ein Name Gottes. Er kommt jedesmal dann als göttliche Inkarnation zur Erde nieder, wenn die Welt seine Gnade besonders benötigt. Meist wird er in der Form von zwei Inkarnationen verehrt: Krishna und Rama. Vishnu stellt auch den Aspekt der Dreifaltigkeit im Zusammenhang mit der Erhaltung des Universums dar.